소중한 사람에게 들려주고 싶은 이야기

이홍모 산문집

소중한 사람에게

들려주고 싶은 이야기

해조음

잘 살고

잘 늙고

잘 죽는 것에 대한

사색

사람은 누구나 주어진 삶을 얼마나 의미 있게 살아낼
것인가라는 숙제를 안고 태어난다. 자신이 행복하고 즐거운
인생을 사는 것만큼 중요하고 위대한 일이 또 있을까?
우리에게는 우리 자신의 인간적 부족함을 극복하면서 아름다운
인생을 만들어 가는 것이 우리에게 주어진 최고의 사명이다.

우리는 살면서 어려움에 부딪치고 그럴 때면 숱한 선택을 하면서
내게 주어진 삶을 더 가치있게 살아가려고 노력하지만 사람은
누구나 생의 어느 시점에서 스스로에게 물음을 던진다.
이것이 진정 내가 원하는 삶일까?

고통으로 얼룩진 세상을 살면서 인생에서 씻어 버리고 싶은
오류나 삭제하고 싶은 사연 없는 사람은 없을 것이다. 파도가
치지 않는 바다가 없듯이 난관이 존재하지 않는 인생은 없다.
자연상태의 인간은 근본적으로 선하고 고귀한 야만인이었으나
울타리와 재산권 개념이 생기면서 불행해졌다.

장 자크 루소가 한 말이다. 지식과 정보만 주입하는 기계적인
교육은 인간의 감정을 황폐하게 만들어 세상에서 경쟁하며
살아가는 사람들의 마음을 물질적 욕망으로 가득 채워
성공이라는 거대한 관념에서 벗어나지 못한 채 가지각색의 신종
스트레스에 노출되어 살아가고 있는 것이 현대인의 실상이다.

모든 사람은 생로병사의 길을 갈 수밖에 없다. 내일을 살아볼
수는 없지만 미리 준비하는 것만큼 삶의 무게는 가벼워질 것이다.
죽음으로 완성하는 한 번의 인생에서 후회를 적게 남기고 의미
있는 삶을 살아가려면 어떻게 해야 할까?
달라이라마는 삶의 목적을 더 높은 곳에 두지 않는다면 단지
일상의 삶을 살 뿐이라고 말했다. 모든 것을 가졌다고 행복한
것이 아니라 삶은 그 이상이어야 한다.

여기 실린 글들은 지식을 넘어 사람으로 태어나 사람답게
살아가는 길을 찾아가는 사색의 여정이다.

인간의 행복, 사랑·영혼·평화와 기쁨, 치유, 죽음 등 우리가
살아가면서 부딪칠 수밖에 없는 수많은 명제들에 대해 위대한
선현들의 수많은 명언들과 인류 사회에 큰 족적을 남긴
위인들의 잘 살고 잘 늙고 잘 죽는 것에 대해 깊이 숙고한 일종의
인생철학이자 나의 가치를 높여 주기 위한 인생 공부가 담겨있다.

80여 년의 인생에서 나와 인연을 맺은 많은 내 소중한 모든
분들이 눈물겹도록 고맙게 느껴진다. 이 책을 일종의 봉정물로
헌정하면서 감사와 가장 따뜻한 마음의 인사를 드린다.

책을 아름답게 꾸며준 며느리 현경에게 고마운 마음을 떠올리며
책이 나오기까지 세심한 배려를 아끼지 않으신 해조음 이철순
대표님에게 감사드린다.

2024 임인년 겨울. 이 홍 모

● 차례

2

삶이 나에게 가르쳐 준 것들

3

사랑하고 행복하라 그리고 명상하라

4

행복은 가족과 건강이라는 나무에서 피어나는 꽃

5

죽음 그리고 아름다운 마무리

1

내일을 만드는 지혜

지혜로운 자는 순간순간을 산다.

그의 삶은 하늘에 떠가는 흰구름처럼 자유롭다.

목적을 향해 가지도 않고 어느 곳에 머물지도 않는다.

삶의 진정성은 목적지에 있지 않다.

진정한 것은 그 과정의 아름다움에 있다.

그것은 여행 그 자체다.

모든 것은 여행이며 흰구름의 길이다.

그는 세상에서 살아가되 세상에 소속되지 않는다.

그는 자유인이다.

구함과 얻음으로써 벗어나 사람의 무리 속으로

사라질 수 있는 자는 누구인가?

그는 도와 함께 흘러 다닌다.

눈을 뜨지 않은 채 그는 삶 그 자체가 되어 걸어간다.
집도 없고 이름도 없이 그의 발걸음은
아무 자취를 남기지 않는다.

또한 누구를 판단함이 없기에
아무도 그를 판단하지 않는다.
그것이 자기를 비운 이의 아름다움이다.

– 오쇼 라즈니쉬

감사는 행복의 열쇠

항상 상냥하고 즐거우며 생기가 넘쳐흐르는 유쾌한 사람이 되게
하소서. 그리고 아주 작은 일에도 감사하게 하소서.

– 루미 (이슬람 신비주의 시인)

사람에게 감사하는 마음이 없다면 그 사람의 인간성에는
무엇인가 빠져 있는 것이다.

– 엘리 비젤 (노벨평화상 수상자)

감사는 영혼에서 피어나는 가장 아름다운 꽃이다. 진정으로
우리에게 행복을 가져다주는 것은 감사라는 삶의 태도에 있다.

– 헨리 워드비처 (미국의 목회자)

"감사하는 마음이 인생의 기쁨이고 불행을 막아 주는 마법의 열쇠와 같다."라는 말이 있듯이 감사하면 인생이 바뀐다. 감사하는 생활을 하면 마음이 너그러워져 인간 존중의 측은지심이 생기고, 사소한 일에 얽매이지 않으면서 작은 일에도 기뻐할 수 있다. 감사의 언어를 잃어버린 사람은 행복과 친해질 수 없다. 조금만 둘러보면 우리 주변에는 감사할 것 투성이다. 내가 걸을 수 있고 정을 나눌 수 있는 가족, 친구, 이웃이 있는 것도 감사할 일이다. 배고프지 않을 양식과 아름다운 음악, 그리고 차 한 잔만 있어도 충분히 감사할 일이다. 많이 가지고도 감사하지 못하는 사람들이 너무 많다. 엄청나거나 특별한 것을 누릴 때에만 감사할 수 있다면 행복과는 많이 멀어져 있는 사람이다.

스트레스 연구로 노벨 의학상을 수상한 한스 셀리 박사는 "스트레스 홍수 속에 살아가는 우리에게 마음의 평화를 가져오는 것으로 감사한 것만큼 강력한 진통제는 없다."라고 말했다. 친절과 감사, 자비심 같은 무형의 재산을 늘려 가는 것이 여유롭고 풍요로운 인간으로 성장시키는 씨앗이 된다. 누구든지 만족할 줄 알고 매사에 감사하면 행복한 사람이 된다. 오늘을 감사하는 마음으로, 기도하는 마음으로, 사랑하는 마음으로 살자.

- 무엇보다 나는 이 아름다운 행성에서

  지각 있는 존재이자 생각하는 동물로 살았다.

  그것은 그 자체만으로도 엄청난 특권이고 모험이었다.

  – 올리버 색스의 『고맙습니다』 중에서

- 행복은 감사하는 사람의 것이다.

  – 아리스토텔레스

- 감사의 분량이 곧 행복의 분량이다.

  – 타고르

■

나는 탐욕스럽고 고마워할 줄 모르는
그런 아이 같은 사람이 되지 않겠다.
나는 내 시력, 내 청력, 내 호흡, 이 모든 것을
감사하게 받아들인다.

만약 내 인생에서 이것 이상의 축복이 찾아 든다면
나는 그 풍성한 기적에 깊은 감사를 드릴 것이다.
나는 매일매일 웃음으로 맞이할 것이다.
나는 내가 만나는 사람마다 미소로 맞이할 것이다.
나는 감사하는 마음의 소유자이다.

오늘 나는 행복한 사람이 될 것을 선택하겠다.
– 앤디애드로스폰더 (미국 소설가)

덕상을 갖추면

선한 사람의 일생에서 가장 중요한 부분은 사소하고 이름 없는,
기억할 수 없는 친절과 사랑의 행동들이다.

– 윌리엄 워즈워스

요범사훈^{了凡四訓}에 "덕^德을 쌓아 착한 일을 하면 운명을
뛰어넘는다."라고 했다. 훌륭한 성품은 소중한 재산 가운데 하나다.
성품은 운명을 만든다. 운명은 누가 결정하는가? 운명은 스스로
만드는 것이다. 로마의 역사가 네포스는 "스스로 노력해서
운명을 자기 것으로 만들어 나가라."라고 했다.

덕은 인간의 길에 순응하는 양심으로 사랑, 예절, 정의,
지혜를 실천으로 옮겨가는 과정에서 나타난다. 마음이 곱고 심성이

착하여 남에게 배려하고 베풀어 덕성을 쌓으면 사람의 관상은 은은하고 편안하게 변하고 편한 길을 걷게 된다.

근대 인물 중 가장 존경받는 백범 김구 선생은 사람을 배려하고 뚝심 있는 성품을 가졌으나 자신의 관상이 덕상이 아님을 미리 알고 마의상서^{麻衣相書}에서 "지혜를 얻어 덕을 쌓는 일에 전력하여 자신의 운명을 바꾸었다."라는 일화가 있다.

백범은 "얼굴이 잘 생긴 것은 몸이 건강한 것만 못하고, 몸이 건강한 것은 마음이 바른 것만 못하다. 나는 상 좋은 사람^{好相人} 보다 마음 좋은 사람이 되어야겠다고 결심했다."라고 말했다.

"사람은 생긴 대로 사는 것이 아니라 사는 대로 생긴다."라는 말이 있듯이 사람에게는 품격이란 것이 있다. 항상 좋은 심성을 일으켜 자신의 얼굴을 덕상^{德相}으로 가꾸고 나면 주변에 사람들이 모이게 되고 하는 일이 술술 풀리게 된다. 얼굴에는 심성과 덕이 고스란히 담겨 있다.

"도둑은 속일 수 있어도 관상은 못 속인다."라는 말과 같이 덕은 너무나 인간적이고 사람 냄새가 나는 훈훈한 정이 묻어나 영혼을 사로잡는다. '덕불고필유린'^{德不孤必有隣}이란 말이 있다. 덕이 있는 자는 외롭지 않고, 반드시 이웃이 있다는 의미다.

덕상을 갖추면 자비가 넘치고 너그러워져 모든 다툼에서

벗어나 적의가 사라진 고귀함 그 자체가 된다. 덕을 쌓는 일에
게을리하지 말 일이다.

- 덕을 뿌린 자가 명예를 거둔다.

  – 레오나르도 다 빈치

- 좋은 인성은 한 주나 한 달 만에 형성되는 것이 아니라
  매일 조금씩 만들어지는 것이다.
  지속적이고 꾸준한 노력이 필요하다.

  – 헤라클레이토스

- 무엇보다 자신에게 진실하라. 그러면 밤이 가면 낮이 오듯
  다른 이들에게도 거짓으로 대하지 못할 것이다.

  – 셰익스피어

- 관상은 체상(건강)보다 못하고 相好不如身好
  체상은 심상보다 못하고 身好不如心好
  심상은 덕상보다 못하다 心好不如德好

  – 마의상서(麻衣相書 : 중국의 마의성인이 쓴 관상학)

인생에서 가장 중요한 것

온몸으로 살아라. 온 마음으로 느껴라. 온 힘으로 사랑하라.
– 니코스 카잔차키스(그리스 철학자)

마음의 저울에는 늘 이런저런 욕구와 갈등이라는 짐이 올려져
있어 우리는 이것에 집착하는데 너무나 익숙하다. 그러나
성취가 주는 소유의 만족이 결코 완전한 행복은 아니다.
그런 만족은 그 순간뿐이고 다시 갈증과 배고픔이 찾아온다.
『우리 시대의 역설』을 쓴 밥 무어 헤드는 "인생을 사는 시간은
늘어났지만 삶의 의미를 느끼는 것은 미약하며, 여가는
늘어났으나 마음의 평화는 줄었으며, 소비는 더욱 늘었지만
기쁨은 줄어들었다. 우리는 생활비를 버는 법은 배웠지만

어떻게 살 것인가는 배우지 못했다."라고 했다. 사회철학자
토마스 홉스는 이렇게 말했다. "인생은 거칠고 잔인하고 짧다.
우리 삶이 어려울수록 인간답게 살 수 있는 노력을 기울여야 하며
어떤 이념보다 우선해야 할 것은 사람에 대한 배려와 사랑이다."
영성가 에리히 프롬도 그의 명저『사랑의 기술』에서 "완숙한
사랑은 나누고 베풀수록 더 샘솟는 것이다."라고 했다.

　　삶의 마지막 가는 길에는 영광과 돈, 그리고 명예도 아닌
소중한 사람들과 쌓아 온 좋은 관계만이 우리 곁을 지키고
있을 것이다. 호스피스 의사로서 인생에 가장 중요한 것이
무엇인지에 대해 글을 쓴 카렌 와이어트는 그의 저서『일주일이
남았다면』에서 이렇게 쓰고 있다. '언젠가는 행복한 날이
오겠지'라는 생각으로 앞만 보고 살아오다 시한부 선고를 받은
사람들이 인생의 막바지에서 가장 후회하는 것은 '죽을 만큼
사랑해 볼걸, 조금만 더 일찍 용서할걸, 걱정은 내려놓고 행복을
만끽할걸, 아등바등 말고 여유를 가지고 살걸'이라고 한다.

　　삶은 좋은 날을 위한 투쟁이며 지금 호흡하고 있는 이
순간만이 자신의 시간이다. 이 순간은 언제나 자기 자신과 함께
있으며, 지금 이 시간보다 더 좋을 때는 없다.
또 지금 세상보다 더 좋은 곳은 없다.

우리 삶은 가장 중요하다고 여겨지는 무엇인가를 선택하면서
순간순간들을 가장 값비싼 자신의 생명과 교환하며 살아간다.
자신의 생명을 소진할 수밖에 없는 중요한 일들은 무엇일까?
인간이 욕망하는 가장 중요한 것은 건강과 행복이다.
그것은 베풀고 나누는 마음, 감사하는 마음, 진정한 자신을
성찰하면서 바로 곁에 있는 사람과 좋은 관계를 맺는 것이다.

최근에 의학이 발견한 뇌하수체 호르몬 다이돌핀은 암을
치료하고 통증을 해소한다는 엔돌핀의 4,000배 효능이 있다고
알려졌다. 다이돌핀이 우리 몸에 생성되는 시기는 감동을 받았을
때이다. 바로 좋은 노래를 듣거나 아름다운 풍경에 사로잡혀
즐거움이 클 때, 새로운 지혜의 깨달음이 있을 때, 엄청난 사랑에
빠져 있을 때 우리의 몸은 다이돌핀을 생성한다. 다이돌핀은
우리 몸의 면역 체계에 놀라운 변화가 일어나 건강으로
화답한다. 사랑의 마음, 작은 감동의 물결을 자주 출렁거리면
우리 몸은 다이돌핀을 만들어 건강과 행복을 제공하는 것이다.

● 행동은 생각이 꽃피운 것이고 기쁨과 고통은 생각의 열매이다.

  – 제임스 알렌

■

사람들은 자신이 무엇을 잃어버리고 있는지

깨닫지 못하면서 삶을 낭비한다.

무의미한 슬픔, 어리석은 즐거움, 탐욕스러운 욕망과 형식적인

일에 자신의 자원을 투자한다.

우리에게 주어진 시간이 길지 않다는 것을 알아야 한다.

– 세비카『삶의 덧없음에 대하여』중에서

현재를 즐겨라

"인생이란 우리에게 주어진 오직 한 번뿐인 여행이다."
셰익스피어가 남긴 말이다. 일생이란 한번 산다는 뜻이다. 우리
인생에는 두 번이란 없다. 오직 한 번만 존재한다. 오늘은 내
남은 생애의 첫날이고 가장 젊은 날이다. 다시는 돌아오지 않는
오늘만 내 것이다. 삶은 현재만 존재하며 매 순간이 처음이자
마지막이다. 우리에게 주어진 시간은 그리 길지 않다.
인생은 그냥 지나간다. 하루의 끝이 인생의 끝이 될 수도 있다.
그런데도 사람들은 영원히 살 것처럼 순간들을 소홀히 여긴다.

인생은 경주가 아니라 순간순간을 즐기고 음미하는 여정이다.
마르셀 프루스트가 15년에 걸쳐 쓴 『잃어버린 시간을 찾아서』는
삶을 낭비하지 않고 삶에 감사할 수 있는 법을 가르쳐 주고 있다.
단 한 번뿐인 인생, 후회 없는 감동적인 인생을 위해 가장
소중한 행복을 내일로 미루지 말고 진정으로 원하는 일을 지금
하라. 그날그날이 일 년 중 최고의 날이다.

- 현재의 순간이 과거와 미래에 대한 답을 가지고 있다.

  – 오쇼 라즈니쉬

- 우리가 할 일은 오늘이 좋은 날이며 오늘이 행복한 날이 되게
  하는 것이다. – 시드니 스미스

- 현재를 즐겨라. 삶을 특별하게 만들어라.
  오늘을 잡아라. 내일은 최소한만 믿으며.

  – 호라티우스 (로마 시인)

- 나는 내가 좋다. 날마다 나는 점점 좋아지고 있다.
  오늘이 일생을 통하여 가장 좋은 날이다. – 에밀 쿠페

● 열일곱 살 때였습니다. 우연히 읽게 된 책에서 본 간단한
문장이 제 인생의 방향 키가 되어 주었습니다.

그때부터 하루도 빠짐없이 거울을 보며 이렇게 묻습니다.

"만약 오늘이 내 인생의 마지막 날이라면

나는 무엇을 할 것인가?"

– 스티브 잡스 (스탠퍼드 대학에서의 연설) 중에서

가치 있는 삶

인간은 스스로 가치를 결정한다.

그리고 자신이 정한 가치만큼 대접받는다. 자신의 의지에 따라

위대해지기도 하고 초라해지기도 하는 것이다. – 실러

어떻게 사는 것이 가치 있는 삶일까? 지금 손에 꼭 쥐고 있는 것은
얼마나 가치 있는 것일까? 우리는 삶의 길목에서 수많은 실망과
좌절, 슬픔과 불안으로 곧잘 길을 잃고 방황하면서 삶을 가치
있게 만드는 것이 결국 무엇인지 사색하게 된다.
살아가면서 근심, 걱정, 불안은 일종의 질병처럼 우리를
괴롭힌다. 그것은 결핍에서 오는 것보다 헛된 욕망이나 이기심에
그 원인이 있다. 우리가 사는 일상에는 억울하고 기막힌 일,

부끄럽고 당황스러운 일, 자존심 상하고 배신당해 분노하고 상처
입었던 일 등 우여곡절의 개인사를 안고 살아간다.

누가 인생을 슬픔과 기쁨이 드나드는 여인숙이라 했던가?
즐거움과 괴로움은 모두 자기 삶의 일부이다. 고통 속에서 삶을
배우고 좋은 일, 괴롭고 힘든 일도 모두 우리 자신의 성장에
밑거름이 된다. 비록 실패했더라도 인내심과 간절함이 있으면
길이 보인다. 아름다운 영혼을 갖고 절정의 인생을 살아가는
사람들도 온갖 고난과 역경을 극복해 왔다.

영국 철학자 윌리엄 펜은 "고생하지 않고는 열매를 거둘 수
없고, 가시밭길을 걷지 않고는 왕의 길을 걸을 수 없으며,
쓴맛을 보지 않고는 영광을 맛볼 수 없는 법"이라 했다.
퓰리처상을 수상한 알렉산드르 솔제니친이 스탈린을 비난한
죄로 8년 간 옥고를 치르고 풀려나면서 남긴 말이 있다.
"감옥아, 내 너를 축복하노라. 내 삶에 네가 있었음을
축복하노라. 감방의 썩어가는 밀집 위에 누워 깨달았으니 인생의
목적은 번영이 아니라 영혼의 성숙에 있음이라." 우리는 거듭
태어나고 변해야 한다. 욕망을 충족시키는 삶이 아니라 삶의
무게를 줄이는 가치 있는 삶이 되어야 한다. 가치 있는 삶이란
행복을 추구하면서 보람된 삶을 영위하는 것이다.

살아가는 유일한 목적은 성장하고 향상하는 데 있다.
배우고 익혀 자신의 부족함을 메꾸어 역경과 좌절의 시간에서
영광의 시간들이 자기 인생노트에 담겨져야 한다.
어찌 날마다 웃는 날만 있으랴! 증오는 인간을 비열하게 만들고
우리의 인격을 타락시킨다. 될 수 있는 한 넓은 아량을 갖고 남을
포용하라. 슬프고 고된 나날이 있지만 한 번뿐인 인생이니까
대충대충 보내기엔 우리 삶은 너무 소중하다.
스스로의 삶을 가치 있게 만들자.

괴테의 즐거운 인생을 살 수 있는 인생훈^{人生訓}

1 지나간 일을 쓸데없이 후회하지 말 것.
   잃어버려야 할 것은 깨끗이 잊어버리고 미래를 바라보라.

2 될수록 성을 내지 말 것.
   분노^{憤怒} 속에서 한 말이나 행동은 후회만 남는다.

3 언제나 현재를 즐길 것.

4 남을 미워하지 말 것.

■

매일 아침 눈뜨며 생각하자.

오늘 아침 일어날 수 있으니 이 얼마나 행운인가!

나는 살아 있고 소중한 인생을 가졌으니

낭비하지 않을 것이다.

나는 스스로를 발전시키고 타인에게 나의 마음을

확장시켜 나가기 위해 모든 기운을 쏟을 것이다.

내 힘이 닿는 데까지 타인을 이롭게 할 것이다.

– 달라이 라마

흙탕길을 걸어 보라

괴로움이야말로 인생이다.
인생에 괴로움이 없다면 무엇으로 만족을 얻을 것인가?
– 도스토옙스키

이 세상에 사연 없는 사람, 아픔 없는 사람은 없다. 세상살이는
온갖 역경과 고난으로 가득 차 있어 시련과 역경의 무거운 짐을
지고 허락된 시간을 걷는 것이다. 흙탕길, 험한 길을 걸어 보아야
꽃길의 아름다움을 알 수 있다. 인생의 가장 힘겨운 경험이
가장 큰 교훈을 준다. 불행에 빠져 보지 않으면 행복이 얼마나
소중한 것인지 알 수 없다. 고통 없이 얻는 것은 아무것도 없다.
좋은 일이든, 괴롭고 힘든 일이든 우리 삶에 교훈이 되고 성장의

밑거름이 된다. 고통을 이겨 내어야 비로소 진정한 행복을 느낄 수 있다. 자신을 이겨 내지 않으면 새롭게 태어날 수 없다.

역사적인 인물 중에서도 일상이 행복했던 사람은 거의 없다. 바닥에 떨어졌다가 다시 일어났거나 고난을 자처하여 온갖 역경 속에서 시련을 이겨 낸 사람들이다.

내가 존재하고 나를 찾아다니는 과정에서 만나는 고통, 불안, 허전함을 벗어나려면 어떻게 해야 할까?

캐나다 심리학자 조던 피터슨은 "인생은 고통이다. 행복을 목표로 삼기보다 인생의 의미에 집중하는 게 낫다."라고 했다. 노벨상 수상자를 가장 많이 배출한 유대인의 성공 비결 중 하나는 부족함을 받아들이는 태도에 있다. 시련이 주는 고난, 역경, 결핍 등은 새로운 도전, 성장과 성숙을 위한 인고의 시간이다. 어떠한 절망적 상황도 인간의 의지보다 강할 순 없다.

붓다는 "인간 고통의 뿌리는 갈애渴愛이고 고통은 욕망에서 오며 고통을 끊게 해 주는 것은 욕망의 실현이 아니라 욕망을 버리는 것이다."라고 했다.

모든 사람의 인생에는 가끔은 비가 내리고 어둡고 쓸쓸한 날이 있지만, 먹구름 뒤에는 여전히 태양이 빛나고 있다. 인생은 눈물과 슬픔이 있어서 의미 있고 아름다운 것이 아닐까?

- 내가 젊었을 때 내가 한 일의 90%는 실패로 돌아갔기에 나는 10배 더 노력했다. – 조지 버나드 쇼

- 난관이 클수록 그것을 극복한 후의 만족도 크다.

  – 장 밥티스트 몰리에르

- 보석은 마찰 없이 세공이 될 수 없고, 사람 또한 시련 없이는 완벽해질 수 없다.

  – 중국 속담

- 나는 산다는 것이 좋다.
  때로는 미친 듯이 절망적으로 통렬하게 비참했으며
  슬픔으로 가슴이 찢어졌지만, 이제 나는
  그 모든 것을 통해 단지 살아 있는 것만으로도
  위대한 일임을 확실히 안다.

  – 애거사 크리스티

앉은 자리가 꽃자리

삶에서 우리를 힘들게 하는 것은 원하는 어떤 것을
이루지 못하기 때문이 아니라, 원하는 그 마음을 내려놓을 수 없기
때문이다. – 아잔 브라흐만 『술 취한 코끼리 길들이기』 중에서

흔들리지 않는 삶이 어디 있으랴! 우리는 삶에서 부딪히는
일과 책임, 소유와 명예, 사랑과 미움 등 수많은 것들에 짓눌려
실패하고 좌절하면서 스스로 한계의 틀 속에 갇히고 만다.
삶은 늘 불확실함으로 둘러싸여 있으며 어떤 길이든 평탄하기만
한 길은 없다. 어떻게 살아도 어려움은 존재하고 누구의 인생이든
구름이 끼고 슬픈 날은 있다.
상처 없는 영혼이 이 세상 어디 있겠는가? 삶이 허전한 것은

무언가 채워지지 않았기 때문이 아니라 여전히 비우지 않았기 때문이다. 현대인들은 옛날 어느 정승도 누리지 못한 소유와 향락을 누리고 살지만 모두가 행복한 건 아니다. 자신의 능력보다 욕망이 더 커졌기에 물질적 요소로 행복이라는 정신적 공간을 다 채울 수 없다. 우리가 무엇엔가 너무 집착할 때 그 마음이 곧 구속拘束이고 속박束縛이고 예속隷屬이고 족쇄가 되어 우리 자신을 옭아매는 사슬이 된다. 너무 철저하게, 모질게, 완벽하게 살려는 그 마음 때문에 힘들고 아프고 상처가 난다.

세상에 완벽한 인생은 없다. 만족을 통해서 나를 얽어맨 구속에서 벗어나 주체로서 거듭나게 된다. 집착과 관념의 모든 것을 내려놓음으로써 삶이 가벼워져 자신을 옥죄는 생각에서 벗어날 수 있다. 세계적으로 우울증이 전염되고 있다. 국제보건기구 WHO는 인류에게 가장 부담을 주며, 모든 연령에서 새로 태어날 미래의 질병으로 우울증을 꼽았다. 우울증의 원인인 스트레스를 극복하기 위해서라도 인생의 즐거움을 애써 찾아야 한다. 즐거움 없이 그저 사는 인생은 사는 게 아니라 연명하고 있을 뿐이다.

가장 견고한 감옥은 우리 스스로 만든 것. 삶이 감옥이 아니라 아름다운 집이어야 하며 자신의 마음속 보다 더 고요하고

평화로운 휴양지는 없다. 즐거움, 행복, 기쁨 모두는 자신의
생각과 태도, 선택에 달렸다. 감동 받을 준비가 되어 있는 사람에게
비로소 세상의 아름다움이 보인다. 밝은 생각으로 복을 짓자.

● 인생의 주인이 되면 모든 법칙은 간단명료해진다.
   외로워도 더 이상 외로워지지 않고, 가난해도 더 이상
   가난해지지 않으며, 나약해도 더 이상 나약해지지 않는다.
   – 헨리 소로

● 고통은 곧 삶이다. 보다 깊은 고통일수록 보다 선명한 삶의
   증거이다. – 찰스 램 (영국의 수필가)

● 낙원이란 울타리 밖으로 추방된 뒤에야 비로소 그곳이
   낙원임을 알게 될 것이다. – 헤르만헤세

● 너를 얽어매는 것은 사물이 아니라 사물에 대한 너의 집착이다.
   – 틸로파 (9C 인도불교 현자)

우음偶吟 2장

나는 내가 지은 감옥 속에 갇혀 있다.

너는 네가 만든 쇠사슬에 매여 있다.

그는 그가 엮은 동아줄에 묶여 있다.

우리는 저마다 스스로의 굴레에서 벗어났을 때

그제사 세상이 바로 보이고 삶의 보람과 기쁨도 맛본다.

앉은 자리가 꽃자리느니라

네가 시방 가시방석처럼 여기는 너의 앉은 자리가

바로 꽃자리느니라.

삶에 미소 지어라

인간은 누구나 자신이 원하는 삶을 만들어 갈 힘을 가지고 있고,
또 실제로 그렇게 삶을 창조해 가고 있다.
– 욘케이 밍큐르 린포체 (티베트 불교지도자)

우리 삶은 해결해야 할 수많은 고난과 역경으로 가득하기에
누구에게나 쉬운 인생은 없다. "삶을 바라보는 인간의 방식은
그의 운명을 결정한다."라는 슈바이처의 말처럼 삶은
우리 스스로가 끊임없이 자신의 선택에 따라 운명 지워진다.
탄생에서 죽음 사이의 경험이 우리의 삶이며 기쁨과 슬픔,
만족과 불만족, 아름다운 기억과 슬픈 기억 등 어느 것을 마음에
품느냐에 따라 행복해지기도 하고 불행하기도 한다.

"태항산이 아무리 높아도 인생길에 비할 수 있으랴."는 중국 속담이 있듯이 인생이란 고통과 괴로움으로 가득 차 있다. 고뇌 속에 살다가 고뇌를 안고 가는 것이 인생이다. 하지만 인생은 '자기가 생각한 대로 된다'는 말과 같이 주위를 둘러보면 소소한 기쁨과 즐거움이 널려 있다. 스스로 충만하지 못하면 삶은 항상 초라하기 마련이다.

삶의 결과에 집착하기보다 삶의 과정을 즐기며 걱정을 덜고 더 많이 웃어라. 사람들은 시간을 기억하는 것이 아니라 아름다운 순간만 기억한다. 지혜 있는 사람들은 늘 무엇인가를 배우며 자신이 성장해 감을 느끼면서 기쁨을 발견하고 즐거움을 누린다. "삶을 이해하면 하나의 익살이고, 이해하지 못하면 크나큰 고통" 이라고 바바라 하리다스가 말했듯이 세상은 자신의 의식 수준에 머물러 살고 있는 것이다. 똑같은 환경에서도 어떤 이는 즐겁게 지내고, 어떤 이는 괴로워 허덕이는 것은 마음이 인생의 항로를 바꾸고 행복과 불행의 풍향을 바꾸기 때문이다. 똑같은 시간을 산다면 자신의 인생을 행복한 순간으로 가득 채우는 게 낫지 않을까? 웃음의 아버지라 일컬어지는 노만 커즌즈 교수는 『질병의 해부』라는 책에서 "웃음은 우리 몸의 방탄조끼"라고 했다. 웃음은 사랑과 마찬가지로 치유의 기적을 낳는다.

- 어떤 마음가짐과 눈으로 보느냐에 따라 세상은 행복의 빛깔을 띨 수도 있고, 불행의 그늘에 잠길 수도 있다.

  – 장자

- 삶은 새로운 것을 받아들일 때만 발전한다. 아는 자가 되지 말고 배우는 자가 되어야 한다.

  – 라즈니쉬

- 결코 그 그늘에서 쉬지 못하게 될 것임을 알면서도 나무를 심는 사람은 적어도 삶의 의미를 발견하기 위한 첫발을 내디딘 것이다.

  – 옐튼 트루볼러 (케이커 신학자)

자기 자신으로 존재하기

배움을 얻는다는 것은 다른 사람이 아닌
자기 자신의 인생을 사는 것을 의미한다.
갑자기 행복해지거나 부자가 되거나 강해지는 것이 아니라,
세상을 깊이 이해하고 자기 자신과 더 평화롭게
지내는 것을 의미한다.
아무도 당신이 배워야 할 것이 무엇인지
알려 줄 수 있는 사람은 없다.
그것을 발견하는 것은 당신만의 여행이다.

— 엘리자베스 퀴블러로스 (호스피스 창시자)

망각의 강

뱃사공 카론은 사람들이 살아가는 인간 세상이 얼마나
살기 좋기에 그토록 죽기 싫어하는지 인간 세상을 탐구해 보고자
높은 산에 올라 한눈에 들어오는 세상의 풍경을 바라보았다.
목숨을 걸고 싸우는 전쟁터의 군인, 위험한 풍랑에 맞서
일하는 선원, 땀을 흘리며 농사를 짓는 농부들
세상의 모든 사람들은 고통을 견디며 힘들게 살고 있었다.

카론은 혀를 차며 "인간들은 세상에서 고통 속에 잠깐 머물다가
자기가 가졌던 모든 것을 그대로 버려둔 채 꿈에서 깨어나듯
세상에서 떠날 것을 안다면 좀 더 현명하게 살다가 덜 안타까운
죽음을 맞을 수 있을 텐데 이러한 사실을 깨닫지 못한 채 오직
부와 명예 권력을 꿈꾸며 환상에 잠겨있다." 말했다.

– 루키아노스 카론 (로마 작가)

가슴 뛰는 삶

여러분은 단순히 생계유지를 위해서 여기 온 것은 아닙니다.
더 멋진 아름다운 세상을 위해 무엇인가를 성취하려고
이 세상에 온 것입니다. – 로빈 S. 샤르마

인생은 주어지는 것이 아니라 만들어 가는 것이다. 혼란한
세상에서 편안한 마음을 가질 줄 아는 사람이 지혜 있는 사람이다.
인생의 현자들은 소소한 일상의 기쁨에 감사하면서 순간순간 온
마음을 기울여 즐거움을 발견하며 산다. 인생의 즐거움은 무엇을
가졌느냐가 아니라 무엇을 느끼고 있느냐에 따라 결정된다.
철학자 크리슈나무르티는 그의 책『오늘을 살기 위해서』에서
이렇게 말하고 있다.

"삶과 사랑에 빠져라. 차가운 긍정으로 사랑하라. 삶이 먼저 안아 줄 것이다. 인생의 강을 믿어라. 그 강이 당신을 보살펴 줄 것이다. 우리가 젊거나 혹은 늙었거나 삶의 전 과정이 전혀 다른 차원으로 이동할 수 있는 때는 바로 지금이다." 평온하고 행복이 넘치는 인생을 살아가려면 어떤 마음가짐으로 살아가야 할까? 마음을 바꾸면 우리는 언제나 기쁨이 넘치는 환희의 삶을 살 수 있다. 순간순간 자신을 가장 가슴 뛰게 하는 것이 자신에게 주어진 삶의 사명이다.

자신이 있으므로 세상이 있고 자기는 세상의 중심에 있는 가장 존귀한 인생의 주인공이다. 인생의 중요한 의미는 기쁨과 행복에 있다. 행복은 미래의 목표가 아니라 현재의 선택이다. 영국 출신의 세계적인 발레리나 마고 폰테인은 "삶은 논리적이지 않다. 뜻밖의 일들과 아름다운 일들로 가득 차 있다. 나는 그 아름다운 것들이 내 곁을 스쳐 지나갈 때를 놓치지 않으려 한다. 그 순간이 언제 다시 찾아올지 알 수 없으므로……"라고 말하고 있다.

긍정적인 사람이 더 행복한 것은 마음의 스위치를 긍정 모드에 두고 있기 때문이다. 긍정적인 것이든, 부정적인 것이든 우주는 자기가 간절히 원하는 것을 끌어당긴다.

바로 공명의 법칙이다. 세상 모든 질문에 대한 답도, 우리가
원하는 삶을 이룰 수 있는 능력도 자신 속에 있음을 잊지 말아야
한다. 즐거운 시간은 천 년도 짧을 것이며, 괴로운 시간은 하루도
천 년 같을 것이다. 나쁜 생각은 머리에서 지우고 좋은 생각만
가슴에 담고 춤추는 삶을 살자.

- 즐거움과 고통은 내가 무엇을 가지고 있는 가로 결정되는 것이
  아니라, 무엇을 열심히 느꼈는 가로 결정된다.
  – 헨리 호프먼

- 사심 없이 세상을 볼 때, 있는 그대로 볼 수 있다.
  내 몸처럼 세상을 사랑할 때, 모든 것을 사랑할 수 있다.
  – 노자

- 당신이 세상을 대하는 것과 똑같은 방식으로 세상도 당신을
  대한다. – 리디어드 키플링

인간의 삶

과학의 대상으로 삼기에는 너무나 인간적인,
숫자로 표현하기에는 너무나도 아름다운,
정신과 진단을 내리기에는 너무나도 가슴 아픈,
책을 묶기에는 그 자체로 영원불멸한......

– 조지 베일런트 (하버드대학 성인발달 연구책임자)

인생을 낭비한 죄

너무나 많은 사람들이 자신들의 문제를 놓고 불평을 하면서
인생을 허비한다. - 랜디 포시『마지막 수업』저자

● 우리는 살고 있다.

그러나 우리의 생명의 길이가 얼마나 되는지 알지 못한다.

우리는 죽는다.

그러나 그때가 언제인지 알지 못한다.

우리는 가고 있다.

그러나 그곳이 어디인지 모른다.

그러고도 우리는 태평하다. 참 놀라운 일이다.

- 독일 민요

이 세상에서 세월처럼 더 빠르고 매몰차고 무서운 것은 없다.
우리는 세상을 대충대충 살고 있으면서 소중한 시간들을
낭비하고 있다. 그리스 철학자 디오게네스는 "시간은 인간이
쓸 수 있는 것 가운데 가장 소중한 것"이라 했다.

삶을 뒤돌아보면 쓸데없는 데 시간과 에너지를 소비하면서
자신을 함부로 대하고 아껴주지 못하는 경우가 많다.
세계적인 성공학 연구자 나폴레온 힐은 "오늘 나의 불행은
언젠가 잘못 보낸 시간의 보복"이라고 말했다. 또 그리스
신비주의 시인 소포클레스는 "내가 헛되이 보낸 오늘 하루는
어제 죽어간 이들이 그토록 바라던 하루다"라고 했다.
철학자 몽테뉴도 "얼마 안 있어 죽음이 다가올 것이라는 생각을
항상 마음속에 지니고 있으면 매사에 더욱 부지런하고 뜻있는
삶을 영위할 수 있을 것"이라 충고 했다.

삶은 소유물이 아니라 순간순간 살아 움직이는 존재이다.
남다른 인생을 살고자 하는 간절함으로 최선을 다할 때 삶은
놀라운 아름다움과 신비로움을 선물할 것이다.
인생을 낭비하지 말자. 그 대가는 반드시 따라오니까.

● 인생이란 짧은 것이다. 그러나 시간의 낭비로 인생을 더욱
　짧게 한다. – 사무엘 존슨

● 훌륭한 인생을 사는 사람의 특징은 자신이 하는 일에 완전히
　몰입한다는 점이다. 사라진 시간은 우리의 책임이다.

　– 옥스퍼드 대학 해 시계에 새겨진 글

● 빠삐용은 꿈속에서 법정에 불려가 심문을 받는다.
　판사는 빠삐용에게 최종적으로 유죄 선고를 내린다.
　'너는 중죄를 지었다.
　그것은 네가 사회에서 강도질을 하고 감옥을 탈출한 것이
　아니라 너의 진짜 죄는 인간으로서 가장 중죄인
　인생을 낭비한 죄이다.'

　– 영화 '빠삐용' 중에서

■

인생은 순간순간마다

곧 죽을지도 모른다는 사실을

명심하는 것이

나에게는 가장 중요했다.

죽음은 삶이 만든 최고의 발명품이다.

죽음은 삶을 변화시킨다.

여러분의 삶에도 죽음이 찾아온다.

인생을 낭비하지 말라.

– 스티브 잡스

2

삶이 나에게 가르쳐 준 것들

늘 바쁘게 생활하고 좀 활동적이 되어라.

사교 생활에 좀 더 시간을 보내라.

일의 생산성을 높여라.

모든 일은 좀 더 체계적으로 계획하라.

걱정하지 마라.

기대치와 목표를 낮춰라.

긍정적이고 낙천적으로 생각하라.

현재 지향적인 사람이 되어라.

건강한 성격을 갖도록 애써라.

자연스럽게 행동하라.

부정적인 감정과 문제를 제거하라.

친밀한 인간관계는 행복의 가장 중요한 원천임을 명심하라.

행복을 가장 중요한 우선 사항으로 삼아라.

– 마이클 포다이스 『세상을 이기는 위대한 지혜』 중에서

의미 있는 삶이란 무엇인가?
두려움 없는 삶.
그리고 죽는 날 일생을 돌아볼 때
기뻤던 날들이 힘들었던 날보다 더 많은 삶이 그것이다.

– 에피쿠로스

성공적인 삶이란

세상의 주목받는 인물들은 성공하기 전에 반드시 큰 장애물에
부딪혔음을 역사가 증명해 준다. 그들은 거듭 실패해도
용기를 잃지 않았기 때문에 승리자가 될 수 있었다.

– B.C. 포브스

● 무엇이 성공인가? 자주 그리고 많이 웃는 것,
  현명한 사람들에게 존경을 받고, 아이들에게 사랑받는 것,
  정직한 비평가로부터 좋은 평가를 얻고,
  잘못된 친구들의 배신을 견뎌 내는 것,
  아름다움을 한껏 느끼는 것,
  다른 사람에게 최선의 것을 발견하는 것.
  세상을 조금이라도 더 살기 좋은 곳으로 만들고 떠나는 것......

  – 랄프 왈도 에머슨

인생의 최대 성공은 마지막 죽음 앞에서 결정된다고 한다. 많은 것을 가졌더라도 죽음 앞에서 삶을 후회한다면 결코 성공적인 삶을 살았다고 할 수 없다. 인생의 성공은 개인의 능력보다는 삶의 태도에 더 많이 좌우된다. '성공은 심은 대로 거두는 열매다'는 말이 있다. 온갖 시련과 고독으로 치열하게 싸우면서도 역사 앞에서 부끄럽지 않으며, 봉사와 헌신의 삶을 살아온 사람들이야말로 성공한 삶이 아니겠는가. 자본주의 사회에서 성공의 척도에 물질적 가치가 큰 비중을 차지하는 것은 부인할 수 없다. 하지만 불행한 백만장자가 있을 수 있고, 소유하지 않아도 행복할 수 있는 사람이 있다.

가치 있는 삶이란 부, 명예, 권력 보다 그 이상의 것으로 평가된다. 진실로 거룩한 사람은 자신만을 위해 살지 않는다. 자신의 성장은 물론 자신을 희생하면서도 세상을 따뜻하게 바라보는 시선으로 좀 더 살기 좋은 곳으로 만든 사람들이 진정 성공한 사람이다. 성공적인 삶을 살고 싶다면 더 많이 내려놓고 더 많이 사랑하고 봉사하는 데 시간을 할애하는 건 어떨까.

● 성공한 사람보다는 가치 있는 사람이 되라.
　　－ 아인슈타인

- 위대한 사람과 하찮은 사람은 없다.

  다만 위대한 일과 하찮은 일이 있을 뿐이다.

  위대한 사람은 하찮은 일까지도 위대한 일로 만든다.

  그가 하는 모든 하찮은 행동과 모든 하찮은 몸짓에서

  그의 위대함이 흘러나온다.

  – 오쇼 라즈니쉬『장자 도를 말하다에서』중에서

- 성공을 위한 세 가지 필수 조건

  남보다 많은 지식을 갖고 있을 것,

  남보다 더 열심히 일할 것,

  남보다 큰 기대를 갖지 말 것.

  – 셰익스피어

아름다운 족적을 남긴 사람들

태도가 사람을 성공시킨다.

호감을 주는 태도는 영원히 유효한 추천장이다.

신은 하나의 얼굴을 주셨다.

또 하나의 얼굴은 스스로 만드는 것이다.

– 셰익스피어

세상에는 자신의 행복보다 더 많은 사람들의 행복을 위해 사회적
책임을 감당해 온 사람들이 많다. 어려움을 극복하고 성공한
사람들에겐 공통점이 있다. 어떤 어려움이 있어도 좌절하지 않고
이겨내며 자신과의 싸움에서 기어코 승리한다. 자신의 단점이나
콤플렉스를 극복하는 과정을 통해 또 다른 자신의 신화를 만들어
낸 입지전적인 사람들이다. 우리보다 앞서 살다 간 위인들의
이야기를 통해 현재를 살아가는 삶의 지혜를 얻자.

존 D. 록펠러 (1839~1937)

록펠러는 33세에 백만장자가 되었고, 43세에 미국 최대의 부자의
반열에 올랐다. 53세에 최대 석유회사 스탠더드를 창립하여
세계 최고의 갑부가 되었지만, 가난한 집에서 태어나 많이 배우지
못한 것이 한이 된 그의 삶은 오직 돈을 벌기 위해 무서우리만큼
집착했다. 55세 때 불치병을 얻어 1년 이상 살지 못한다는 시한부
선고를 받은 그는 병원 복도에 걸려 있는 '주는 자가 받는 자보다
복이 있다.'라는 글을 읽고 한없는 눈물을 흘렸다고 한다.

그때 병원 복도에서 입원비 문제로 다투는 소녀를 입원시켜
준 일이 있었는데, 얼마 후 은밀히 도와준 그 소녀가 완쾌되어
뛰어노는 모습을 본 그는 자서전에 "저는 살면서 이렇게 행복한
삶이 있는지를 몰랐다."라고 썼다. 이를 계기로 재산을 정리하고
록펠러 재단을 만들어 막대한 자금을 학교, 의학재단, 질병
퇴치에 기부하여 그의 지원을 받아 페니실린 등 수많은 의약품이
발명되어 인류에게 크게 기여했다.

그도 "삶의 태도를 바꾸면서 전반기는 고통의 삶이었다면
후반기는 98세까지 건강하고 너무나 행복했다."라고 자서전에
썼다. 최근에도 유산을 자식에게 물려주지 않고 사회에
환원하겠다는 록펠러 부부의 뜻에 따라 그가 생전에 한국 등

세계를 여행하면서 수집한 주칠장 반다지를 포함한 세계적인
미술품 1550점을 크리스티 경매장에서 경매한 8억 2800만
달러(약 9,000억 원)를 기부하여 그가 죽은 지 82년이 지난 지금도
세계 최고의 자선 자문 단체로 불리며 온 세계에 그의 따뜻한
손길이 이어지고 있다.

알프레드 노벨 (1883~1896)
아버지가 파산하고 어머니의 야채 행상과 형들의 성냥팔이로
겨우 생계를 유지한 불우했던 어린 시절의 노벨은 초등학교
2학년 수료가 정규 교육의 전부였지만, 고체 형태의 폭약
다이너마이트를 발명하고 광학, 기계, 공학, 생리학에 이르기까지
355종의 특허를 등록하여 특허권의 사용료와 석유 사업으로
큰돈을 벌었다. 1888년 노벨과 동명이인의 죽음을 노벨의
사망으로 착각한 파리의 한 신문에 '죽음의 상인 노벨
사망하다'란 부고 기사를 본 노벨은 자신이 개발한 폭발물이
전쟁에서 무기로 사용되어 많은 인명의 피해를 가져오는데 심한
마음의 상처를 받았다. 그는 인류를 위해 공헌한 사람들을 위해
전 재산을 쓰겠다고 결심하게 되고, 그의 유언에 의해 오늘날
세계적으로 가장 권위 있는 노벨상이 제정되었다.

죽으면서 기부한 3150만 크로네를 기금으로 조성했다.

노벨은 평생 독신으로 살다가 59세에 사망했으며 사망한 12월 10일에 시상식이 열린다.

앤드류 존슨 (1808~1875)

세 살 때 아버지를 잃고 너무나 가난하여 정규학교를 다니지 못한 존슨은 13살에 양복점 점원으로 일하다가 18살에 구두 수선공의 딸과 결혼했다. 아내로부터 글을 읽고 쓰는 법을 배운 그는 테네시 주의 주지사가 되었고, 상원 의원을 거쳐 링컨 대통령의 러닝메이트로 부통령이 되었다가 링컨의 암살로 대통령의 임기를 물려받았다. 잔여 임기를 채운 그는 17대 대통령에 출마했다. 초등학교도 못 나온 일자무식이 어떻게 미합중국의 대통령이 될 수 있냐고 반대 세력이 몰아붙이자 "예수님이 초등학교를 나왔다는 이야기를 듣지 못했다. 예수님처럼 십자가를 지겠다는 것 외에 할 말이 없다."라고 받아쳐 유명한 일화를 남겼다.

대통령이 된 그는 영국이 호시탐탐 노리고 있던 알래스카를 러시아로부터 720만 불에 사들였다. 그러자 미국 내에서는 아무 쓸모 없는 얼음 땅을 사 국고를 축내었다면서 일자 무식 대통령이 하는 짓이 그렇다고 비난했고, 심지어는 남북전쟁 정책들을

내세워 역사상 최초의 대통령 탄핵을 상정시키기도 했으나
한 표차로 부결되었고, 알래스카 매입을 주도했던 윌리엄 슈어드
국무장관이 물러나는 결과를 가져왔다.

알래스카는 인류가 개발해 낼 수 있는 마지막 보고로 대규모
금광, 유전이 발견되고 관광과 국방 등 미국 3억 인구가 250년간
먹고살 수 있는 자산 가치로 상상할 수 없는 부국의 미국을 만들어
주었다. 알래스카는 미국민에게 가장 사랑하고 자랑으로 여기는
기회의 땅, 기적의 땅으로 불리고 있다.

피그렐로 라과디아 (1882~1947)

대공황이던 1930년 어느 겨울에 한 할머니가 재판을 받게 되었다.
빵을 훔쳤느냐고 묻는 판사에게 "나이가 많아 일자리를 얻기
어려웠고 사흘을 굶고 나니 아무것도 안 보였습니다. 굶주리는
어린 손녀를 위해 딱 한 번 빵을 훔쳤다."라며 잘못을 빌었다.
판사는 사정이 딱할지언정 남의 물건을 훔친 것은 범죄이며
법은 만인에 평등하니 예외는 있을 수 없다며 10달러의 벌금형을
선고하면서, "노인이 빵을 훔치게 만든 사회 전체에도 책임이
있으니 저 또한 10달러의 벌금을 내겠습니다."라고 하자
방청객들은 50센트에서 수십 달러씩 내어 그 벌금을 모아

할머니에게 전달했다. 만인이 평등한 법을 적용하여 약자 편에
서서 명판결을 내린 피오렐로 라과디아 판사는 그 후 1933년부터
1945년까지 12년 동안 뉴욕 시장을 세 번이나 역임하면서 존경을
받았지만 시장 재직 중 비행기 사고로 순직하였다. 뉴욕 근교에
그의 이름을 딴 라과디아 공항을 건설하여 그를 기리고 있다.

몽클라르 (본명: 라울 마그랭 베르느레, 1892~1964)
헝가리 이민 출신으로 1, 2차 세계 대전에 참전하여 18번의 부상과
18회의 훈장을 받은 전설적인 전쟁 영웅. 프랑스 3성 장군이다.
장군은 자신이 이룩한 명예와 안정적인 삶을 내던지고 또다시
자유를 위한 신념으로 의무 없는 전쟁터에 뛰어들었다.
　　6.25 전쟁 시 프랑스는 유엔 상임이사국으로 상당한 병력을
지원해야 할 입장이었으나 국내 사정에 의해 파병할 수 없게 되자
59세의 몽클라르 장군은 800여 명의 대대급 외인부대를 창설한
후 스스로 별 셋의 계급장을 떼어 내고 중령 계급으로 대대장
임무를 맡아 한국전에 참전하여 파죽지세로 남하하는 중공군을
격퇴하여 유엔군이 반격에 나서는 결정적 역할을 하는 등
32개월 동안 수많은 전투에서 공을 세운, 자유를 신념하는 전쟁
영웅이었다. "나에게 계급은 중요하지 않다.

곧 태어날 자식에게 유엔군의 한 사람으로서 평화라는 숭고한 가치를 위해 참전했다는 긍지를 물려주고 싶다."라는 울림 있는 말을 남겼다.

고다이 부인 (1016년 중세 시대)

중세 영국의 봉건 영주 레오프릭 백작은 탐욕스러운 권력자로 백성들에게 가혹한 세금을 거둬들이자, 백성들의 고통을 보고 마음 아파하던 17살의 어린 아내 고다이버는 남편 레오프릭에게 수차례 세금 감면을 요청하였다. 하지만 "당신이 대낮에 알몸으로 말을 타고 시내를 한 바퀴 돌아오면 세금을 면제해 주겠다."라는 죽음과도 같은 수치스러운 제의를 남편이 농담 삼아 하자 고다이버는 그 제안을 수락했고, 이 소식을 들은 영지의 사람들은 고다이버의 정에 감격하여 그녀의 희생을 더럽히지 않기 위해 창에 커튼을 친 채 누구도 영주 부인을 보지 않기로 약속하여 뜻이 이루어졌다.

　　예부터 전해 내려오는 관습과 상식을 깨는 정치 행동을 빗대어 고다이즘이라 하며, 고벤트리 시는 그녀의 동상을 세우고 지금도 그녀의 희생정신을 기리는 축제가 열리고 있다.

파비올라 (4~5세기)

로마의 유명한 귀족 가문 파비아 가에서 태어난 파비올라는
절세의 미녀로 칭송받으며 화려한 귀족 생활에 젖어 살았지만,
예수교에 귀의한 후 그동안 누리던 세속적인 즐거움을 모두
버리고 그리스도 정신에 의거하여 가난과 질병으로 고통받고
있는 사람들을 위해 헌신하는 삶을 살았다.

전 재산을 털어 최초의 기독병원을 세우고 거지나
행려병자와 같은 소외된 환자를 직접 간호하여 시대를 초월한
이타적인 자선활동으로 시민의 존경을 받아 왔으며, 그녀가
죽었을 때 로마의 모든 사람들이 장례식에 참석하여 그녀를
추모하였다. 후에 그녀는 가톨릭 성인으로 추대되었다.

조나스 에드워드 솔크 (1914~1955)

1953년 소아마비 백신을 최초로 개발하여 자신이 주사를 맞아
가며 안전을 홍보한 의사이자 과학자이다.
세계 유수의 제약회사는 그의 백신 특허를 사려고 해 천문학적
부를 누릴 수 있었지만 모두 거절하고, "나는 백신을 특허로
등록하지 않을 것입니다. 저 태양을 특허 신청할 수 없듯이
말입니다."라고 하면서 백신을 무료로 공급했다.

세계보건기구 WHO는 인도, 파키스탄 등 일부 지역을 제외한
전 세계 모든 지역에서 소아마비 박멸을 선언했다.

장기려 (1911~1995)

평안북도 용천에서 출생. 경성의학전문학교 수석 졸업.
일본 나고야 제국 대학 박사.

1950년 한국전쟁이 발발하자 부산 국군 야전병원 의사로 있을 때
산책 중 5명의 행려병자가 야산에 버려져 있음을 목격하고 치료할
수 있는 생명이 돈이 없어 죽어가고 있는 안타까운 현실을 보면서
양심의 소리를 듣는 계기가 되어, 영양실조와 전염병에 시달리던
사람들을 위해 창고를 빌려 복음 진료소란 이름으로 무료진료를
시작하자, UN에서 지원해 준 대형 군용 천막 3개를 진료실,
수술실, 입원실로 꾸며 6년간 매일 백여 명의 환자를 치료했다.

　　　　박사의 헌신에 감동한 시민들의 모금운동이 일어나 1956년
현대식 대형병원이 건립되어 현재의 고신대학교 복음 병원이
탄생한 것이다. 장기려 박사는 지역 사회의 소외 계층, 장애인의
복지를 위해 청십자사회 복지회, 장애인 재활 협회 등을 세워
복지장학사업, 탁아소 운영과, 1968년에는 돈이 없어 치료받지
못하는 가난한 환자들을 구제하기 위해 청십자 의료보험 조합을

창설한 것이 우리나라 의료보험의 효시가 되었다.

우리나라 간장 외과학을 정립하는데 크게 공헌한 박사는
수술비가 없는 환자를 위해 자신의 급여를 아낌없이 지원해
주었고, 그마저 감당할 수 없을 때는 밤에 몰래 환자를 탈출시키는
일화를 남기기도 했다. 북에 두고 온 가족을 그리며 평생을
독신으로 살아오면서 65년간 인술을 베풀며 봉사, 박애를 실천한
그는 작고할 때 집 한 칸 없는 철저한 무소유로 생을 마감했다.
대한 의학협회 학술상, 라몬 막사이사이 사회 봉사상, 제1회
호암상, 국민훈장 무궁화장 등을 수상하고 과학기술인 명예의
전당 헌액.

빌 게이츠 (1955~   )

전 세계인들이 동시에 서로 대화하며 정보를 교환하는 광대한
공간인 인터넷 세상이 올 것이라고 상상하지 못했지만 1975년
MITS 회사를 설립, 세계 최초로 개인용 컴퓨터 PC를 개발한
미국의 에드워드 로버츠로부터 19세의 빌 게이츠 (하버드 대
중퇴)가 회사를 인수한 것이 마이크로소프트 MS를 설립하는데
결정적 계기가 되었다. 세계 최대의 운영체제인 윈도우를 개발해서
40대 초반인 1995년부터 세계 최고의 부자가 되었다. 빌 게이츠의

재산은 대략 1180억 달러(한화 약 140조 원)가 된다.

빌 게이츠는 세계에서 가장 큰 자선단체인 빌 & 멜린다 게이츠 재단을 통해 2007년 이후 280억 달러를 기부하여 가난 퇴치, 질병 예방 연구 등에 힘쓰고 있으며, 최근에는 코로나 백신 개발을 위해 세계 면역연합 GAVI에 수억 달러를 기부했다. 자신의 재산 90%를 죽기 전에 기부하겠다고 선언하고, 자신이 죽은 후 자녀들(3명)에게는 0.02%(한화 약 11억 원)만 물려주겠다고 했다. 회사를 은퇴한 후 왕성한 자선활동으로 가진 자로서의 사명을 다하고 있다. 저서에는 『미래로 가는 길』이 있다.

리차드 위트컴 (1894~1982)

6.25 전쟁 시 부산 제2 군수 사령관으로 부산 국제 시장에 이어 부산역 일대 대화재로 인한 참상을 본 장군은 상급 부대 승인 없이 2만 3,000여 명분의 식량, 의복, 텐트 등 다량의 군수 물자를 이재민에게 나누어 준 일로 미국 국회 청문회에 소환되어 직권남용을 추궁하는 의원들에게 "전쟁은 총칼로만 하는 것은 아닙니다. 그 나라 국민을 위하는 것이야말로 진정한 승리입니다." 라고 하며 자신의 소신을 밝히자 감동한 위원들은 기립박수로 장군의 용단을 격려하며 더 많은 구호 예산을 주었다.

장군은 피난민들의 산모, 어린이, 노약자를 위한 숙소 마련과
치료에 심혈을 기울이는 한편 모금 등을 통하여 메리놀
종합병원의 건립 부산대학 50만 평의 캠퍼스 부지를 확보하고
진입로 등의 공사를 지원하였다.

퇴역 후에도 한국에 남아 전쟁고아들을 돕는 등 한국인보다
한국을 더 사랑한 군복 입은 성자로 평가받은 장군은 부산 유엔
평화 공원에 잠들어 있다. 걱정을 내려둬라 옳은 일이라면 즉시
행동하라 옳다고 믿는다면 굽히지 말라는 명언을 남겼다.

지혜와 어짐의 리더십

겸양의 자세로부터 나오는 겸손이야말로 리더의 첫 번째 덕목이다.

– 존 헤네시 (스탠퍼드 대 총장)

지휘자는 본인은 정작 아무 소리도 내지 않고 연주자들이
소리를 잘 내는가에 따라 평가받는다.
구성원의 재능을 깨워서 꽃 피게 해 주는 것이 리더십이다.

– 유명 오케스트라 지휘자

리더와 보스의 차이를 묻는 사람들이 있다.
리더가 이끄는 사람이라면 보스는 밀어붙이는 사람이다.

– 데어도어 루즈벨트

리더십은 세상을 살아가는데 모든 사람들이 갖추어야 필수적인 지혜로 꼽히는 덕목 중 하나다. 리더의 합리적이고 신속한 의사결정은 자신은 물론 조직 전체의 운명을 좌우한다. 리더로 산다는 것 자체가 희생하고 결과에 대한 책임을 감수하겠다는 헌신이자 약속이다. 리더는 간섭하지 않고 덕으로 다스리는 사람이다. 그렇게 할 때 구성원들이 우러러보고 따르며, 상하의 신뢰가 생기며 조직의 무서운 힘이 생긴다.

구글^{Google} 최고 리더가 되기 위한 덕목에 이런 행동만큼은 절대 하지 말라는 권고의 메시지가 담겨 있다. "책임을 남에게 전가하고, 개인의 이익을 조직의 이익보다 앞서 추구하며, 고압적 언행과 말과 행동의 불일치, 감정의 기복이 심한 것, 개인의 친분(학연, 지연 등)에 따라 업무 평가를 하는 것"을 피할 때 진정한 리더가 될 수 있다고 말한다.

아래 사람을 윽박지르고 꼬투리를 잡고 통제하려는 리더는 결코 존경받지 못한다. 신뢰를 얻기보다는 복종하는 모습을 원하고, 자신의 잘못을 인정하기는커녕 궤변을 늘어놓기 일쑤인 이런 리더를 최악의 리더라고 하였다.

하버드대 리더십 센터장 캔터 교수는 "디지털 시대에 리더십의 중요한 것으로 사람들이 소속감을 느끼고 자신을 표현하는 것에

부담을 느끼지 않으며, 출근하는 매일이 즐거워야 한다."라고
했다. 리더는 가르치고 지시하는 자가 아니라 인생을 깨닫게 해
주는 사람이 되어야 한다.

삼성경제연구소에서 리더의 위험한 성격 설문조사에서 1위가
급하게 화를 내는 성격으로 나왔는데 새겨야 할 대목이다.
위대한 업적을 남긴 위인들 중에는 리더십을 발휘한 사람들이 많다.
빛나는 리더십으로 모범을 보인 사람들의 이야기에 귀 기울여
보자.

링컨 (1809~1865)

미국 남북전쟁이 한창 치열할 때 링컨 대통령과 참모총장의
전략적 생각이 달랐지만 대통령은 자기 생각대로 결정해
그 작전은 실패하고 말았다. 링컨은 비서를 시켜 참모총장에게
"미안하오. 아브라함 링컨"이란 메모를 전했다.
메모를 받아 본 총장은 볼멘소리로 "멍청한 녀석"이라고 말했다.
돌아온 비서에게 참모총장이 뭐라고 했느냐고 묻자 비서는 난감해
하면서 "멍청한 녀석이라고 했습니다."라고 보고하자 링컨은
"그 친구 사람 볼 줄은 제대로 아는구먼." 하고 껄껄 웃어댔다.
링컨은 열린 마음을 가진 리더였다.

다나까 가쿠에이 (1918~1993)

다나까 가꾸에이는 초등학교를 겨우 졸업했던 인물이지만 자수성가하여 대장성 장관으로 임명되었다. 대장성은 명문 대학 출신들이 자리 잡고 있는 자존심 강한 집합처이다. 초등학교 밖에 나오지 못한 사람이 돈 좀 벌었다고 자기들의 수장이 되었으니 그들은 부글부글 끓어올랐다.

다나까는 취임 연설에서 이렇게 말했다. "여러분은 세상이 알아주는 천하의 수재들입니다. 저는 겨우 초등학교를 졸업했을 뿐입니다. 저는 대장성의 전문적인 일에 대해서는 잘 모릅니다. 여러분들이 걱정하시는 것을 충분히 이해합니다. 대장성의 모든 일은 여러분들이 최선을 다해 주십시오. 저는 그저 여러분들의 뒤에서 여러분이 하시는 일에 대해서 모든 책임을 지도록 하겠습니다. 여러분을 후원하고 하는 일에 적극적으로 지원하겠습니다." 스스로 자세를 낮추고 진정성을 보이자 불평하는 사람이 없어졌다. 다나까는 대장성 장관을 성공적으로 마치고 일본 총리의 자리까지 오를 수 있었다.

버큰 헤드 호 지휘관

영국 해군 수송선 버큰 헤드(함장 알렉산더 센튼) 호가 1852년
군인 472명과 민간인 162명이 승선하여 아프리카로 가던 중
망망대해에서 암초에 부딪쳐 침몰하고 있었다.

지휘관은 민간인을 구명보트 3척에 태운 뒤 바다로 띄었다.
민간인이 탄 보트에는 자리가 남아 있었다. 스코틀랜드 연대
라이트 대위가 선상에 장병들을 집합시킨 후, "우리는 국민을
지켜야 할 군인이다. 우리는 이 배의 승조원으로서의 임무를 다해
주기 바란다." 하고 말했다. 472명의 군인 중 누구 한 사람 보트에
타려 하지 않았다. 해군들이 민간인이 탄 보트를 향해 경례를 하고
있는 중 군함은 서서히 바닷속으로 침몰했다.

버큰 헤드 호의 장병들은 영국 해군의 명예가 되었고 영국이
신사의 나라로 인정되는 계기가 되었다.

말의 품격

발걸음을 잘못 내디딘 것은 곧 고칠 수 있다.
그러나 혀를 잘못 놀린 실수는 결코 돌이킬 수 없다.

– 벤자민 플랭크린

유대인 속담에 "말이 입안에 있으면 내가 말을 다스리고,
말이 입 밖에 있으면 그 말이 나를 다스린다."라고 했다.
언어는 사람이 가지고 있는 모든 것의 반영이고, 언행에 따라
인격이 좌우된다. 말 한마디에 천 냥 빚을 갚을 수도, 천금 같은
기회를 놓칠 수도, 백 년의 인연을 끊을 수도 있다.
말이 적으면 근심이 없다. 말에는 힘이 있다. 좋은 말은
우리의 마음을 더 나아가 우리의 행동을 바꿔준다.
우리가 저지르는 잘못의 대부분은 말에서 비롯된다.

동서고금의 역사를 보면 세 치 혀를 잘못 놀려 스스로 재앙을
초래한 경우는 너무나 많다. 입과 혀를 조심해야 하는 것은 인간
세상이 존재하는 한 유구한 진리이다. 사람의 마음과 세상을
변화시키는 무기는 폭력이 아니라 품격 있는 언어이다.
언어가 거친 사람은 비이성적인 말을 동반함으로써 분노를
안고 사는 사람이다. 요즘은 말이 아닌 궤변이 넘치는 세상이다.
평화로운 안방에까지 정치인들의 천박한 독설을 들어야 할
때가 있어 마음이 불편할 때가 많다. 오죽했으면 마크 트웨인은
"정치꾼과 기저귀는 자주 갈아 주어야 한다."라고 말했을까?
　　　세상에서 가장 파괴적인 것은 말의 폭력이다. 말실수만
줄여도 인생의 절반은 성공이란 말이 있다. 말이란 기술이라기보다
평생 쌓아 올린 습관에 가깝다. 그 사람의 말은 그 사람의
삶이 농축된 결정체다. 원석도 갈고닦으면 보석이 되듯 말도
갈고닦으면 보석처럼 빛나는 예술이 된다. 좋은 말은 자신을 위한
기도이다. 자기가 내뱉은 말이 얼마나 남에게 베푸는 것이 되고
인정미가 흐르는 말이 되고 있는지 뒤돌아볼 일이다.
인도의 영적 시인 카비르는 말한다. "자기 혀를 붙잡지 못하는
사람의 마음은 진실하지 않다. 그와 함께 머물지 말라.
너를 공격하리라." 말의 중요성은 아무리 강조해도 지나치지 않다.

- 주위 사람들의 말에 귀를 기울여라.

  잘 들어 주는 것만으로도 마음에 위로가 된다.

  − 프타호테프 (이집트 철학자)

- 말을 해야 할 때 하지 않으면 백 번 중 한 번은 후회하지만

  말을 하지 않아야 할 때 말을 하면 백 번 중

  아흔아홉 번은 후회한다.

  − 톨스토이

- 말하는 것은 지식의 영역이고 듣는 것은 지혜의 영역이다.

  − 올리버 웬들 홈스

- 나무는 그 열매를 보면 알 수 있듯이,

  사람은 언행을 보면 알 수 있다.

   좋은 언행은 절대 손해가 되지 않는다.

  호의를 베푼 사람은 우애를 얻을 수 있으며

  친절을 베푼 사람은 사랑을 얻는다.

  − 성 바질

말해야 하는 경우와 침묵해야 하는 경우

나는 어떤 경우에 말을 하고
어떤 경우에 침묵해야 하는지를 알지 못하지만
말을 하며 산다.
말이 내게 오기 전에
침묵이 시작되기 전에
나는 말을 해 버린다.
침묵을 해 버린다.
말을 해 버리고 침묵을 해 버린 후에
나는 비로소 환히 알 것 같다.
어떤 경우에 말을 해야 하고
어떤 경우에 침묵해야 하는지를
어떤 경우에 말을 해야 하고
어떤 경우에 침묵해야 하는지를 알기 위해
나는 오늘도 말을 하고 침묵을 하며 산다.

– 박해용

겸손의 미덕

목계 ^{木鷄} 는 경거망동하지 않고, 편견이나 편애를 경계하고,
허세를 부리지 아니하고, 자신의 정도의 길을 간다.

― 장자 달생편

이병철 삼성 회장은 거실에 목계를 걸어 두고 의미를 되새겼다고
한다. 목계지덕(木鷄之德)은 장자의 달생편에 나오는 싸움닭에
대한 우화이다. 최고의 투계가 되기 위해서는 교만이 없어야
하고, 조급하지 않고 진중해야 하며, 너무 공격적이지 않아야
한다. 어떠한 싸움닭이 덤벼도 주눅 들지 않고 대처하는 의연함과
초연함, 겸손을 갖추어야 그것이 바로 목계지덕이란 것이다.
톨스토이는 "겸손한 사람은 모든 사람으로부터 호감을 산다.
우리는 누구나 호감을 사는 사람이 되려 한다.

그런데 왜 겸손한 사람이 되려고 노력하지 않을까?" 하고
한탄했다. 세상에 겸손보다 더 큰 덕은 없고 겸손은 덕의 근본이다.
겸손은 많은 사람들이 실천하기 어려워하는 덕목이다.
하지만 우리를 자신 안에 가두고 있는 목숨보다 더 사랑하는
자존심을 허물 수 있다면 좀 더 겸손할 수 있을 것이다. 겸손은
고개를 숙이는 것이 아니라 마음을 숙이는 것이다. 자존심은
우리를 초라하게 만드는 이기적 인식이며 명예와 돈보다 중요한
것은 품성이다.

　　유대인 속담에 "태양은 당신이 없어도 뜨고 진다."라는 말이
있듯이 교만은 자기를 높이려다 추락하는 어리석음으로 지식만
있고 지혜가 없는 사람이다. 심술궂은 표정은 우연히 나타나는
것이 아니라 내면의 교만한 마음이 있기 때문에 일어난다. 교만한
마음은 '죽음에 이르는 병'이라는 말이 있다. 천 명의 사람에게
손가락질 받는 사람은 병이 없더라도 죽게 된다는 뜻이리라.

　　어느 설문기관의 조사에서 젊은 남녀들의 결혼 기피 대상
1위가 잘난 체하는 사람이라고 한다. 우리는 완벽하지는 못하지만
드러내 놓고 잘난 체하는 교만과 이기심, 오만심과 자만에서
자신을 건져 내고 나면 날아갈 듯이 가벼워질 수 있다. 백 가지
장점을 갉아먹는 단점이 교만이고, 백 가지 단점을 다 보완하는

장점이 겸손이다. 교만하고 인색하다면 그 나머지는 더 볼 것이 없다. 내게 일어난 아픈 시련들은 모두가 나를 겸손하게 하기 위해서였던 것이었다.

● 사람이 이 세상을 살아가면서 남이 나를 그리워하게 함이
  있을지언정 남이 나를 유감으로 여기게 해서는 안 된다.
  – 청송당어경

● 명성을 쌓는 데는 20년이 걸리지만 무너지는 데는 5분이면
  족하다. 이것을 생각한다면 당신은 다르게 행동할 것이다.
  – 워렌 버핏

몸과 마음이 구용^{九容}보다 간절한 것은 없고 학문을 깊게 하고 지혜를 더 하는 데는 구사^{九思}보다 중요한 것은 없다.

■

구용九容은 경솔함을 경계하는 것으로

발을 무겁게 움직이고, 손의 모양은 공손해야 하며,

눈은 단정히 하고, 입은 신중하게 한숨 쉬지 말아야...

소리는 조용히, 머리 모양은 똑바로

숨은 고르게 하고

서 있는 용모는 의젓해야 하며

얼굴 모양은 씩씩한 모습이어야 한다.

구사九思는 사물을 밝게 보고,

들을 때는 똑똑하게 듣고, 얼굴빛은 온화하게

용모는 단정히 공손하게

말할 때는 성실하게

일은 공경함을 생각하고

의심이 나면 묻고

분할 때는 곤란할 때를 생각하고

이득이 생길 때는 그것이 의로운가를 먼저 생각하라.

- 율곡

화의 감정 다스리기

극심한 분노보다 인간을 더 빨리 좀먹는 것은 없다.

– 니체

"짜증은 내어서 무엇 하나, 성화는 받치어 무엇 하나, 속상한 일
하도 많으니 놀기도 하면서 살아가세." 태평가에 나오는 구절이다.
사람들은 항상 기쁨 속에서 언제나 밝고 즐겁게 살기를 원한다.
그러나 스트레스 사회에 살고 있는 현대인들은 마음을 여유롭게
가지고 일상을 살아가는 것이 여간 어려운 일이 아니다.
화는 가벼운 짜증부터 격노한 분노에 이르기까지 다양한 감정으로
나타난다. 인간의 이성은 불완전하다. 감정을 완전히 통제할
만큼 성숙하지 못했기에 일단 화가 시작되면 그 후로는 자신을

마음대로 다스리기 어려워진다. 화가 폭발해서 격노한 상태에서는
올바른 판단이 어렵게 된다. 모든 인간관계가 단절되고 심지어는
오랫동안 쌓아온 모든 공덕이 한꺼번에 무너지기도 한다.
머리끝까지 화난 자신의 모습을 거울에 비춰보면 어떤 모습일까?
화는 언제 폭발할지 모르는 지뢰밭과 같다. 마음속 화를 적절히
해소하지 못하면 분노 조절 장애자가 되어 스스로를 병들게 한다.

　　"참을 인忍 세 번이면 살인도 면한다."라는 옛말처럼 참을 수
없는 것을 참는 것이 수행의 덕이다. 인내만큼 견디기 힘든 고행도
없기 때문에 화를 다스리는 것은 큰 공덕이 된다.
아무리 화가 나더라도 깊은 마음의 상처를 주는 것은 삼가야
한다. 넘지 말아야 할 선은 넘어서는 안 되며, 사람을 너무 모질게
대하면 큰 후회를 남기게 된다. 수많은 구도자들이 수행을 통해서
깨우친 것은 '화내지 말자'이다. 한 번의 화가 만 번의 공덕을
무너뜨리기 때문이다.

　　자기의 감정을 조절할 줄 아는 사람이 가장 강한 사람이다.
누군가 부처님에게 욕을 퍼부었으나 부처님은 평온한 모습을
간직했다. 부처님께서는 "내가 그 욕을 받지 않았으니 그 욕은
그 사람의 것"이라고 말씀하셨다.
사소한 일에 화를 내거나 마음이 무너질 필요는 없다.

화가 나면 한 발짝 뒤로 물러나 유머로 마음의 방패를 만들라고
한다. 영국의 수상을 지낸 처칠이 지각을 했을 때 정적들이 늦잠
자는 게으름뱅이라고 비난하자, "아마도 나처럼 예쁜 마누라를
데리고 산다면 당신들도 일찍 일어날 수 없을 것이오."라고 조크로
응수하여 좌중을 웃겼다는 일화가 있다.

처칠은 평생 우울증에 시달렸음에도 어떤 경우에도 화를
내기보다 웃음과 유머를 잃지 않았다. 마음을 이타적 사랑으로
단련시키면 증오를 조금씩 없애 나갈 수 있다. 화가 치밀어 오를 때
잠시만이라도 가만히 눈을 감고 심호흡을 해 보자.

● 한 사람이 한 시간 동안 계속하여 화를 내면 수십 명을 죽일 수
   있는 분량의 독소가 나올 수 있다고 한다.
   무심결에 또는 습관적으로 화내는 사람은 서서히 자신을
   죽여 가고 있는 셈이다.
   ─엘머 게이츠 (미국 심리학자)

● 무엇이든 분노로 시작된 일은 결국 부끄러운 수치로 끝이 난다.
   ─ 벤자민 프랭클린

- 도자기와 도자기가 부딪치게 되면 바로 깨져 버리지요.

  어느 쪽이 유연하다면 괜찮습니다.

  유연한 마음을 가집시다.

  – 아이다 미쓰오

- 삶의 지혜 중 으뜸은 참는 것이다.

  천자가 참으면 나라에 해가 없고,

  제후가 참으면 큰 나라를 이룩하고

  벼슬아치가 참으면 그 지위가 올라가고,

  형제가 참으면 집안이 부귀하게 된다.

  부부가 참으면 일생을 행복하게 해로할 수 있고,

  친구끼리 참으면 평생 함께 할 수 있으며

  스스로 참으면 재앙을 면하고 평생을 편안하게 산다.

  – 공자

용서는 가장 큰 수행

어리석은 자는 용서하지도 잊지도 않는다.
현명한 자는 용서하되 잊지는 않는다.

ㅡ 토마스 사르

세상살이는 고통의 연속이라 해도 과언이 아니다. 인간으로
태어난 이상 고통의 삶은 운명인지도 모른다. 살아가면서
억울하고 배신당하고 자존심에 상처받으며, 부끄럽고 기막힌
일로 미움과 증오를 가슴에 안고 살아가는 사람들이 적지 않다.
그럴 때마다 분노의 마음을 품게 된다. 마음의 평화가 없는 것은
용서가 없기 때문이다. 용서는 상처로 얼룩진 가시를 뽑고 분노와
증오를 해소시켜 자유로운 영혼을 찾는 일이다.

카네기는 "싫어하는 사람을 미워하는 것은 어려운 일이 아니다.
미워하는 사람을 용서하는 일은 정말 어렵다. 용서하지 못하고
마음속에 담아 두는 것은 자신을 학대하는 일이다.
용서는 강자가 약자에게 하는 것이다. 용서처럼 완벽한 복수는
없다."라고 말했다. 용서에 대한 위인의 정의는 새겨볼 만하다.

　　　용서는 자존심을 내려놓는 관용과 탁월한 지혜 없이는
불가능한 일이다. 인간은 자기의 잘못을 용서받기 위해서라도
상대방의 잘못을 용서해야 한다. 세종대왕은 장남이 아니기에
세자 책봉이 불가하다고 주장한 황희를 유배에서 풀어 주어
세종 치하 18년간 영의정에 책봉하여 세종의 치적에 힘이 되었다.
자신의 의견에 반하는 사람을 용서하고 기용하여 훌륭한 업적을
이루게 한 세종은 현자가 아닐 수 없다.

　　　레오나르도 다빈치가 이탈리아 밀라노의 한 수도원에서
최후의 만찬 벽화를 그리던 중 이웃과 심한 다툼이 있었다.
그 일이 있고 난 후, 분노와 증오심 때문에 아무리 집중해도
예수의 얼굴이 그려지지 않았다. 다빈치는 다투었던 사람을
찾아가 사과하고 용서를 구했다. 그 후 마음의 평화를 찾아 기쁜
마음으로 예수의 얼굴을 그려 성화를 완성할 수 있었다고 한다.
증오는 증오에 의해서 그치지 않는다. 사랑과 용서에 의해서만

풀리게 된다. 용서는 과거를 바꿀 수는 없지만 미래를 더욱
풍요롭게 만들어 준다. 그러기에 먼저 용서하는 사람이 이기는 것이
된다. 사람을 가엽게 여기는 측은지심이 있으면 인간사 모든 것이
용서되어 사랑이 싹튼다. 명심하고 또 명심할 일이다.

● 용서하고 사랑하라. 자비로움은 그 한계가 없어
　하늘에서 보드라운 비처럼 떨어지고 그 떨어진 곳에
　두 배의 축복을 선물한다.
　　– 셰익스피어

● 남을 미워하도록 나를 타락시킬 수는 없다.
　　– 로렌스 존스(미국 목회자)

● 용서는 모든 흔적을 씻어 버리고 완전히 지워 버리는 것이지.
　마치 무거운 바위를 내려놓듯이 분노와 원한을 내려놓는 것이네.
　큰 바위를 들고 있으면 그 무게에 짓눌리게 되지.
　그 짐을 스스로 버려야만 홀가분해지고
　진정한 자유를 얻을 수 있네.
　　– 에덤 잭슨『내 인생을 바꾼 열 번의 만남』중에서

양심의 심판

무슨 일에나 정직하기로 결심하라.
네 판단에 도저히 정직한 변호사가 될 수 없거든
변호사가 되지 말고 정직한 사람이 돼라.
— 링컨의 어머니가 링컨에게

삶은 반드시 선하고 행복한 것은 아니다.
좋은 삶만이 선하고 행복하다.
— 세네카

우리가 갓 태어났을 때는 나라는 관념이 전혀 없는 유리구슬처럼
때 묻지 않은 순수한 영혼을 가진 청빈한 존재였다. 살아오면서
부끄러운 기억들이 영혼에 그림자가 되어 마음을 무겁게 한다.

"나쁜 짓을 하고서는 두 다리 뻗고 잠을 자지 못한다."라는 옛말이 있듯이, 모든 존재는 자기 업의 상속자이기에 자신이 경험하는 모든 것은 자기 자신의 반영이다.

양심은 인생을 바른길로 가게 하는 인격이며, 우리 자신을 지배하는 덕목이다. 법의 심판보다 양심의 심판이 더 아픈 것이다. 사람 사는 세상은 양심과 예의가 필요하고 선善한 삶은 인간 모두가 지켜야 할 정신적 규범이다. 어떤 경우라도 사람다운 인성을 잃어서는 안 된다. 세상의 모든 경전과 지혜의 가르침에는 영적이고 도덕적인 관점에 기초하고 있다.

인仁은 사람을 사랑하는 어진 마음이다. '인 인 인 인仁仁仁仁'을 어떻게 읽어야 할까. "사람이면 다 사람이냐 사람다워야 사람이지"라고 읽는 것은 사람 냄새가 나는 사람의 가치를 말한 것이리라. 여기서 사람이란 사람의 자격을 갖춘, 상식과 인품을 갖춘 사람을 말한다.

누구나 마음속에는 공정한 관찰자가 있다. 참회는 자신의 잘못을 뉘우쳐 다시 범하기 쉬운 사소한 잘못까지도 미리 깨닫고 잘못을 저지르지 않겠다고 다짐하는 것이다. 격양시擊壤詩에는 "평생에 눈살 찌푸릴 일 하지 않으면 세상에 이를 갈 사람 하나 없으리. 길 가는 사람 말 한마디 비석보다 나으리."라고 노래한다.

- 사람은 반드시 정직하게 살아야 한다.

  곧지 않게 사는 것은 요행으로 모면해 가는 것일 뿐이다.

  – 공자

- 정직한 자는 고통으로부터 자유롭지만

  부정직한 자는 고통으로 가득하다.

  – 에피쿠로스

- 세상에서 가장 강한 것은 내 양심이다.

  양심이 약하면 나 자신도 약해진다.

  양심을 잘 지켜 나감으로써 인생을 가장 강하게 살아 나갈 수

  있다는 점을 사람들은 너무나 생각하지 않고 있다.

  – 에펙테토스(그리스 철학자)

3

사랑하고 행복하라 그리고 명상하라

수천의 생을 반복한다 해도
사랑하는 사람과 다시 만나는 것은
드문 일이다.

지금 후회 없이 사랑하라
사랑할 시간이 그리 많지 않다.

－『입보리행론』중에서

인간관계는 행복의 원천

네가 누구와 함께 지내는지를 말하라. 그러면
너가 어떤 사람인지를 말하겠다.

– 스페인 속담

인생에서 무엇이 가장 중요할까? 무엇에 정성을 다해야 할까?
삶의 핵심은 물질이 아닌 인간관계이다. 인간관계가 곧 삶의
질을 결정한다. 우리는 뼛속까지 사회적 동물로서 필연적으로
다른 사람과 함께 살 수밖에 없다. 자신을 내려놓고 남을
생각하는 마음과 자기 때문에 타인이 고통 받지 않기를 원한다.
또 자기로 인해 타인이 조금이라도 행복해지기를 바라는
이타적인 그 마음이 좋은 관계를 만든다.

사람 때문에 웃기도 울기도 하지만 사람이 자신의 운명이고
행복의 중요한 원천 중 하나가 사람과의 관계이다.

　　　인생이란 사람과 만나 부대끼며 서로 의존하며 살아가도록
창조된 존재이다. 만나는 인연에 따라 행복과 불행, 죄와
복을 부른다. 자신의 주변에 있는 사람들이 어떤 사람인지 그
사람들을 살펴보면 자신이 어떤 사람인지 알 수 있다. 아무리
머리가 좋고 재능이 있어도 인간관계가 좋지 않아 인생을 실패한
사람도 많다. 세계적인 심리학자들의 심포지엄에서 '이 시대에
가장 행복한 사람들은 어떤 사람인가'라는 주제 토론을 통해,
"많은 사람과 원만한 인간관계를 잘 유지하고 있는 사람이 가장
행복하다."라는 결론을 내렸다.

　　　우리는 무슨 일에서나 우선은 자기 자신을 기준으로 해서
생각하고 행동하면서 누구나 자기를 좋아해 주기를 바란다.
그러나 원만한 인간관계는 자기 중심이 아니라 타인 중심이 되어
상대방을 이해하고 배려해야 한다. 무엇보다 상대의 자존심을
건드리지 않아야 한다. 모든 사람이 성격이나 성장 배경이 다른
데도 상대를 자기에게 맞추려 한다. 그 때문에 상처를 입기도
하고 입히기도 하여 인간관계가 틀어진다.
사람과 사람 사이의 신뢰는 돈이 아닌 마음으로 얻어야 한다.

인간관계에서 사람을 얻는 것도 중요하지만 사람을 잃는 일은 최악의 실수이다. 사람은 열 번 잘해 줘도 한 번의 서운함에 등을 돌릴 수가 있다. 가까이에 있는 사람을 잃지 않도록 정성을 기울여야 하는 것은 자기 옆에 있는 사람이 자신의 미래가 되기 때문이다. 사람과 만난 후 돌아섰을 때 마음이 편안하고 다시 만났으면 좋겠다는 생각이 들게 하는 사람도 있고, 피곤하고 어색한 사람도 있다.

심리학자 조너선 와이어는 "무의식에 감동을 받았을 때 다시 보고 싶은 사람이 되며, 지성이 아니라 감성을 가슴으로 느꼈기 때문"이라 한다. 페이스북 최고경영자 마크 저커버그는 "좋은 인맥은 돈보다 더 중요한 가치를 지닌 자원"이라 했다. 인맥을 경영하는 것은 능력으로 오랜 기간 관계가 잘 유지되는 가운데 형성된다. 인맥은 일종의 권력이다.

　　노벨 화학상과 평화상을 두 번이나 수상했던 라이너스 폴링 박사는 "창조적 성공은 탁월한 두뇌가 아니라 깊은 인맥, 다양한 인맥, 균형적 인맥의 결과"라고 한다. 결국 인생의 결실은 많은 소유보다 좋은 관계이다.

좋은 인간관계를 유지하려면 너무 가까이 다가가기 보다 적당한 그리움의 간격도 필요함을 잊지 말자.

- 나 혼자서는 따로 행복해질 수 없다. 원하든 원하지 않든
  우리는 서로 연결되어 있기 때문이다.
  인간관계에서 상처가 많은 사람은 마음의 문을 닫고
  혼자서 살아가려고 합니다. 하지만 우리는 원하지 않아도
  혼자서는 행복해질 수 없어요.
  – 달라이 라마

- 대개는 자신을 위해 돈을 쓴 사람이 더 행복하리라 생각하지만
  사실은 그 반대다. 이것을 경제학자들은 '베풂의 따뜻한 빛'이라
  부르고 심리학자들은 '돕는 자의 희열'이라 칭한다.
  – 애덤 그랜트

- 인생에 실패한 이유는 전문적인 기술이나 지식의 부족은
  15%이고 잘못된 대인관계가 85%의 결과가 나왔다.
  – 미국 카네기멜론 대학 연구

- 우리가 만일 상대의 입장에서 이해하고 아량을 베푼다면,
  세상의 비참함과 오해 가운데 4분의 3은 사라질 것이다.
  – 마하트마 간디

인간관계 다섯 가지 법칙

1 진실함이 없는 아름다운 말을 늘어놓지 말라.

2 말 많음을 삼가라.

  말없이 성의를 보이는 것이 오히려 신뢰를 갖게 한다.

3 아는 체 하지 마라.

4 돈에 너무 집착하지 말라.

5 다투지 말라.

  - 노자

상대방의 마음을 사로잡는 소통의 법칙

1 말을 조심하라.

2 뒷말을 하지 않는다.

3 말을 독점하면 적이 많아진다.

4 목소리 톤이 높아질수록 뜻은 왜곡된다.

5 하고 싶은 말보다 듣고 싶은 말을 하라.

6 하기 쉬운 말보다 듣기 쉽게 이야기 하라.

7 눈과 표정으로 말한다.

■

인간관계를 보면 그 사람이 어떻게
살아 왔는지를 알 수 있습니다.
그 인간관계를 한 눈에 볼 수 있는 곳이 병원입니다.
누가 문병을 오는지 환자를 생각하는 표정이 어떤지 간호하는
사람이 누구인지 어떻게 간호하는지를
보면 그의 인생이 보입니다.

얕은 관계를 맺으며 살아온 사람에게 문병을 와 줄까요?
상황 때문에 어쩔 수 없이 오더라도 진심으로
위로하고 격려해 줄까요?
배신당하지 않기 위해 깊은 관계를 만들라는 것이 아닙니다.
그 관계 맺음들이 바로 소중한 내 인생이기 때문입니다.

- 안기순 『후회 없는 인생 -1의 지혜』 중에서

사랑은 행복의 시작

인생의 최대 비극은 사람이 죽는 것이 아니라 사랑하는 것을
그만두는 일이다. – W.S. 몸

우리는 이승에서 잠시 머물며 서로 만나 사랑을 하면서 기쁨과
슬픔을 같이 나누고 그리워하고 아끼며 살아간다.
조지 샌드는 "사랑이 생기는 순간 우리의 감정 속에는 더 이상
독립적인 내가 존재하지 않는다."라고 말했다. 영국의 은행가이자
정치가인 존 러벅은 "인생의 가치는 사랑에 있고 사랑은 행복의
조건이 된다. 사랑은 가장 따뜻하고 가장 바람직한 최고의
선물이며, 인생에 있어서 최고의 행복은 우리가 사랑받고 있다는
확신이다. 인간은 자신을 사랑한다. 하지만 똑똑하지 못하게

사랑한다."라고 정의했다.

사람들은 자신이 사랑한 것만큼 사랑받기를 원하지만 그것은 투자일 뿐 진정한 사랑은 아니다. 사랑의 목적에는 소유함으로써 자신을 만족시키는 것과 베풀면서 상대방을 즐겁게 해 주는 두 가지가 있다. 사랑은 베풂이고 베풀면서 베푼다는 생각조차도 하지 않는, 아무런 바람 없이 사랑을 위해서만 사랑하는 것이다. 사랑이란 서로를 아는 것이 아니라 서로가 이해하는 것이다.

　"사랑한다는 것은 발가벗는 일이고 무기를 내려놓는 일이다. 무방비로 상대에게 투항하는 것"이라고 토마스 만이 말한 것처럼, 언제나 더 많이 사랑하는 사람이 지는 법이다. 고통으로 가득 찬 세상에서 그래도 사랑이 있기에 우리가 버틸 수 있다.

　사랑이 끝나는 날 우리 삶의 여정도 끝난다. 사랑은 인간의 감정 중 가장 아름다운 것으로 인간이 누릴 수 있는 축복 중 가장 큰 축복이 사랑이다. 사랑을 얻는다는 것은 세상을 얻는 것이다. 사랑이 있는 곳에는 언제나 행복이 함께 한다. 인간의 모든 실패는 사랑이 부족한 결과이며, 사랑할 수 없다는 것은 죽음을 의미하는 것이다. 살면서 가장 행복한 사람은 사랑을 주고도 더 주지 못해 안달하는 사람이다. 사랑은 마르지 않는 샘물처럼 쓰면 쓸수록 더욱 솟아오르는 것이다.

- 나를 있는 그대로 사랑해 주는 사람을 만나는 것이야말로 세상을 살아가면서 받을 수 있는 가장 근사한 선물이다.
  – 패디 S. 헬스

- 내가 정말 살아 있었던 순간은 사랑의 마음으로 행동했던 순간이었다. – 드럼몬드

- 사랑에 대한 치료 방법은 한층 더 사랑하는 것뿐이다.
  – 헨리 소로

- 당신이 사랑해 줬으면 하는 사람이 당신을 사랑해 주면 그게 성공입니다. – 워렌 버핏

- 사랑은 지배하는 것이 아니라 자유를 주는 것이다.
  – 에리히 프롬

- 사랑이란 죽음보다 강하다. 죽음의 공포보다 강하다. 오직 사랑에 의해서만 인생이 지탱되고 움직인다.
  – 이반투르 네트

사랑은 용기다

사랑의 비극은 죽음이나 이별이 아니다. 두 사람 중 어느
한 사람이 이미 상대방을 사랑하지 않게 된 날이 왔을 때이다.

– 윌리엄 섬머싯 몸

● 하늘에 맹세합니다.
   당신과 내가 서로 알게 되고부터는
   오래 살며 언제까지나 마음이 변치 않게 되기를 바랍니다.
   산에 언덕이 닳아 없어지며
   강물이 그 때문에 말라
   겨울에 천둥이 치고 여름에 눈이 내리면
   하늘과 땅이 만나는 세상 끝나는 날이 오면
   할 수 없이 그대와 헤어지겠습니다.

   –『고취곡사^{鼓吹曲辭}』'한요가 18곡' 중에서

고취곡사는 사랑에 빠진 한 여인의 임을 향한 뜨거운 사랑을 표현한 시다. 하늘과 땅이 붙기 전에는 영원히 임과 절대 헤어질 수 없다고 큰 못을 박고 있는 것이다. 인간의 가장 큰 감정은 사랑이며 사랑을 모르는 인간에게 기댈 것은 아무것도 없다. 어느 시대보다 사랑 이야기로 넘쳐나는 현대사회에서 옛 아름다운 사랑 이야기는 우리에게 뭉클한 감동을 주고 있다. 존재만으로도 서로에게 위로가 되고 따뜻한 사랑을 위해서 자신을 내던질 뿐 필요한 조건 따위는 있을 수 없는 것이 사랑이다.

세상에서 가장 소중한 보물이 무엇인지 가르쳐 주는 이야기가 있다. 중세 독일의 바인베르크 성을 포위한 적군 장수가 여자들과 어린이들은 살려 줄 것이며, 여자들이 가지고 나오는 한 가지 보물은 빼앗지 않겠다고 약속했다. 나중에 어린이들과 부녀자들이 긴 행렬을 지어 성을 나오기 시작했는데, 특히 여자들은 남자들을 업고 나왔다. 여자들의 남편들이었다. 예기치 않은 광경에 콜라드 왕은 눈물을 흘렸다. 그 자리에서 남편들의 완벽한 안전을 보장해 주고 평화협약을 맺었다. 그 성은 그 후 와이버토로이의 언덕(여인들의 헌신)으로 불렸다.

사랑과 용기를 담은 또 하나의 이야기를 보자. 페르시아 거대 왕국의 싸이러스 왕이 전쟁을 일으켜 이웃나라 왕과 왕비

그의 자녀들을 포로로 잡았다. 싸이러스 왕은 포로로 잡힌
왕에게 마지막 소원을 물었다. "만약 나를 놓아주시면 내 자산의
절반을 드리겠습니다. 내 자식들을 놓아주시면 내 재산의 전부를
드리겠습니다. 그리고 내 아내를 놓아주신다면 내 생명까지도
바치겠습니다." 왕의 깊은 사랑에 감동한 싸이러스 왕은 어떤
대가 없이 그와 자식들과 왕비 모두를 풀어 주었다.

집으로 가는 길에 왕은 왕비에게 말했다. "싸이러스 왕은 정말
자비로운 분이군요. 그의 자비로운 얼굴을 보셨나요?" 왕비는
대답했다. "아닙니다. 나를 위해 생명까지 바치겠다고 한 당신의
아름다운 얼굴을 볼 시간도 너무 부족했습니다."

사랑은 사랑하는 사람을 위해 목숨도 버릴 수 있는 것, 그것이
진정한 사랑이 아닐까?

사랑은 이 세상 그 무엇과도 바꿀 수 없는 재산이다.
존중이 없는 사랑은 사랑이 아니다. 말과 글로서가 아니라
행동으로 보여지는 것이 사랑이다. 사랑은 자유이고 관용의
정신이다. 인생의 여행이 끝날 때 많은 사람들은 더 사랑하지
못한 것을 후회하기도 하고 때로는 영영 흉터만 남고 마는 상처
깊은 슬픈 사랑을 안고 떠나기도 한다. 인생의 마지막 순간에
후회 없이 생을 마감하려면 사랑하고 또 사랑하라.

- 남들도 우리처럼 어여삐 여기고 사랑을 할까요.

  둘이 머리 세도록 살다가 같이 죽자고 하더니

  어찌 날 두고 가시난고

      – 400여 년 전 안동의 어느 여인 무덤에서 발견된 편지

- 울지도 못한 채 몰래 한 이별

  말도 못 하고 속으로만 그리워하네요.

  우리 둘 외는 아무도 모르지요

  깊은 새장에 갇혀 홀로 밤을 지새우는 새

  예리한 칼날에 끊어진 봄날의 연리지 신세

  황화수는 흐려도 맑아질 날 있고

  까마귀머리 검다 해도 하얘질 때 있으련만

  남 모르는 은밀한 이별 뒷날의 기약이 없대도

  서로 참고 견딜 밖에요.

      – 백거이(772~846)

- 내 마음에 그려 놓은 마음 착한 그 사람이 있어서

  세상이 즐겁고 살아가는 재미가 있습니다.

      – 이해인

● 후한後漢 광무제光武帝는 감찰을 맡아 보던 대사공 송홍宋弘에게
지금의 아내를 버리고 미망인이 된 내 누나 (호양공주)와
결혼하지 않겠느냐고 넌지시 묻자 송홍은 "가난하고 천할 때의
사귐은 잊을 수가 없고 겨와 술지게미를 먹으며 함께 고생한
아내는 집에서 내칠 수가 없습니다."라고 했다.

貧賤之交不可忘 빈천지교불가망
糟糠之妻不下堂 조강지처불하당

– '귀유 원주담'에 나오는 말

● 진정한 사랑은 재물로 살 수 없고 권력으로도 얻을 수 없는
보물 중의 보물이다. – 토마스 만

■

사랑은 이상한 안경을 끼고 있다.
구리를 황금으로 가난함을 충족함으로
보이게 하는 안경을 끼고 있다.
그러기 때문에 눈에 난 다래끼조차도
진주알같이 보이고 만다.

– S.M. 세르반테스(스페인 소설가)

행복해지는 법

가장 행복한 사람은 가장 많이 소유한 사람들이 아니라,
가장 많이 감사하는 사람들이다. – 빌헬름 웰러

'행복하라, 행복하라, 그리고 또 행복하라, 더 맘껏 살다가
죽어라.' 임종에 가까운 사람이 절규하면서 우리들에게 주는
메시지다. 우리는 한 번밖에 살 수 없으니 살아 있는 동안 참으로
행복하게 살아야 한다. 티베트 격언에 "모든 존재는 행복과
행복의 조건을 가지고 있다."라고 했다. 아무리 세상을 달관한
사람이라도 삶을 즐기지 못하면 무슨 쓸모가 있을까?
행복은 누구나 꿈꾸지만 영원히 행복한 사람도 영원히 불행한
사람도 없다. 자신이 행복해야 세상이 아름답게 보인다.

가장 지혜롭고 행복한 사람은 인생의 무대를 재미있게 잘 놀다
가는 사람이다. 행복은 미래의 목표가 아니라 현재의 선택이다.
행복을 원한다면 욕망을 채우기보다 욕심을 제거하는 쪽이
현명한 선택이라고 한다.

우리들이 행복이라고 믿는 것은 많은 경우 행복이 아니라
어리석은 욕심일 때가 대부분이다. 하버드 대학 행복연구원들은
75년간 연구한 결론으로 우리를 행복하게 하는 것으로는 '좋은
관계'라고 결론지었다. "가족과 친구 공동체가 있는 외롭지
않은 사람들, 소중한 사람이 옆에 있다는 것만으로도 행복한
사람이다."라고 했다. 인간의 행복은 결국 감정의 경험으로
얻어지고, 그 경험 대부분의 아름다운 관계는 관심과 배려에 의해
만들어진다.

　　　미국 정신건강협회의 행복한 생애를 위한 원칙으로
"너그러워져라. 현실적으로 자기를 정확하게 평가하라. 자부심을
가져라. 최선을 다하고 그것으로 만족하라."라고 강조한다.
행복도 스스로 설계하고 연습이 필요하다는 사실을 명심하라.

● 인생의 유일한 행복은 누군가를 사랑하고 또 누군가로부터
　사랑받는 것뿐이다. - 조르주 상드(프랑스 소설가)

● 행복은 언제나 우리들의 자질구레한 일상 속에 숨어 있다.

  인간이란 존재가 태초부터 그렇게 설계되어 있기 때문이다.

  누구나 마음먹은 만큼 행복해질 수 있다.

  인간의 초기 상태가 행복이다.

  하지만 때론 삶이 우리의 행복을 방해하기 때문에

  우리는 모든 것을 되돌림으로써

  원래의 행복 모드를 회복시켜야 한다.

  – 모가댓(구글 공학자)

● 행복은 재산이나 지위와는 차원이 다른 것

  물질이 충분해서 행복을 느끼는 것은 동물적 차원이며,

  결국 행복은 있고 없는 것이 아니다. 느끼거나 못 느끼는

  것일 뿐, 마음의 조화가 있어야 인간인 것이다.

  – 인드라 초한

● 내 마음속에는 두 마리의 늑대가 산다우.

  한 마리는 사랑이란 이름이고 또 한 마리는 미움이지

  삶은 내가 어떤 놈에게 매일 먹이를 주느냐에 달려 있어요.

  – 미국 원주민 할머니

행복을 선택한 사람들

행복이란 저절로 찾아오는 것이 아니다.
그것은 행운이 우리에게 베푸는 은총도 아니요
역경이 우리에게서 빼앗아 갈 수 있는 은총도 아니다.

행복은 오직 우리 자신에게 달려 있다.
우리는 하루 밤새 행복해질 수 없으며
나날의 끈질긴 노력을 통해서만 행복해질 수 있다.

행복은 만들어 가는 것이기에 노력과 시간을 필요로 한다.
행복해지기 위해서는 자신을 변화시킬 줄 알아야 한다.

– 프란체스코 스포르자

행복헌장

행복하고 싶은가?

운동을 하라, 30분을 넘지 않도록 일주일에 세 번 정도 이상.

행복하고 싶은가?

좋았던 일을 떠올려라.

행복하고 싶은가?

대화를 나눠라.

행복하고 싶은가?

식물을 가꾸어라. 정성껏 가꾸면서 화초와 대화를 하라.

행복하고 싶은가?

미소를 지어라. 내가 늘 만나는 사람뿐만 아니라 낯선 사람,
잘 웃지 않는 사람에게도.

행복하고 싶은가?

TV 시청 시간을 현재보다 절반으로 줄여라.

행복하고 싶은가?

하루 한 번 이상 문안 전화를 하라. 부모님, 자녀에서부터
내 안부를 기다리고 있을 사람에게.

행복하고 싶은가?

하루 한 번쯤 큰 소리로 웃어라.

행복하고 싶은가?

매일 자기 자신을 칭찬하라.

행복하고 싶은가?

매일 누군가에게 친절을 베풀어라. 그 친절이 결국 나에게

행복으로 돌아온다.

– 영국 BBC 방송국 행복위원회가 제정한 행복 헌장

소욕지족의 삶

사람들은 얼마나 돈을 많이 벌었느냐를 성공의 척도로 삼는다.
돈을 쌓는 일이 지상에 존재하는 유일한 목적인 양 지나칠 정도로
집착한다. 바쁜 게 최고이고 오늘 고생을 하더라도 더 나은
미래의 삶을 위해 몸이 부서져라 일하는 것을 자랑으로 여긴다.
몸과 마음이 지쳐 기쁨과 즐거움을 느낄 마음의 여유마저 가질 수
없는 현대인의 삶이 과연 잘 사는 삶일까?
우리는 너무 오래 이익에 대해서만 말해 왔다.

욕망은 끝이 없고 우리가 취하는 것은 제한적일 수밖에 없으며
욕심이 설치다 간 자리에는 후회만 남을 뿐이다.

로마 철학자 세네카는 "조금밖에 가지지 않은 사람이 가난한
것이 아니라 많은 것을 바라는 사람이 가난한 것"이라
했다. 불만족스러운 것은 언제나 갈증이며 허기이다.
아리스토텔레스는 "재산의 수준을 높이기보다는 욕망의 수준을
낮추도록 애쓰는 편이 오히려 낫다."라고 말했다. 집착이란
스스로가 자신을 한계 짓는 행위이기 때문이다.

영국의 저널리스트 다니엘 듀터는 자신이 쓴 책『기적을
이룬 나라, 기쁨을 잃은 나라』에서 "한국은 불가능의 기적을
이룬 나라로써 치열한 노력을 통해 식민지였던 나라에서 출발해
전쟁과 굶주림을 극복하고 이제 발전된 민주국가로서 세계
10위권의 한강의 기적을 이룬 나라이지만, 정치는 지역, 나이,
이념에 따른 극심한 분열로 신음하고 사람들의 치열한 경쟁은
아직도 진행되고 있다. 소파에 앉아 샴페인 한 잔을 마실 여유도
갖지 못한 채 기쁨과 웃음을 잃은 나라"라고 진단했다.
거대 물질문명에 휩쓸려 문명의 노예로 전락한 삶을 사는 건
아닐까 돌아볼 일이다. 소욕지족^{少欲知足}의 정신을 되찾을 때
행복은 가까이 있음을 명심하자.

● 개미 한 마리가 설탕산으로 올라갔다.

　설탕 한 알만 먹어도 개미는 배가 불렀다.

　그 개미는 설탕 한 알을 물고 집으로 돌아가며 생각했다.

　내일은 산 전체를 옮겨야지.

　– 한바다의 우화집

● 나는 변신해서 짐승과 함께 살았으면 한다.

　그들은 실로 평온하며 자제력이 있다.

　나는 오래 그들을 지켜봐 왔다.

　그들은 고역이 없고 저희들의 처지에 불평도 않는다.

　그들은 어둠 속에서 깨어 일어나

　저희들의 죄 때문에 울지도 않는다.

　그들은 신에게 향한 의무를 논해서 나를 괴롭히지도 않는다.

　어느 하나 불만도 없고 어느 놈도 소유욕에 미쳐

　날뛰지도 않는다.

　어느 하나 다른 놈에 대하여 또 수천 년 전에 살았던 동류에

　대하여 무릎을 꿇지도 않는다.

　어느 하나 온 세상에서 우대되거나 불행해지는 놈도 없다.

　– 월트 휘트먼의 시 '동물'

● 자기가 원하는 것을 가지는 것은 큰 행복이다.

  그러나 자기가 가지고 있는 것 외에 아무것도 원하지 않는 것은

  더 큰 행복이다. – 메네뎀

● 어떻게 하면 더 크고 좋은 차를 살 수 있을까?

  어떻게 해야 지금보다 더 많이 벌 수 있을까?

  사람들은 이렇게 수없이 되뇌며 원하는 것에만 마음을 쓴다.

  그러나 이제부터는 스스로에게 이렇게 물어봐야 한다.

  어떻게 하면 내가 얻을 수 있는 선물 중 최고를 가질 수 있을까?

  어떻게 하면 내 안에서 울리는 지혜의 말을 듣고

  할 일을 깨달을 수 있을까?

  – 스콧 패터슨(미국 배우)

기쁨을 훔쳐가는 도둑

그대의 초가집이 그대를 불행하게 만드는 것이 아니라 궁전을
생각하고서부터 불행이 시작되었다. — 오쇼 라즈니쉬

"당신 자신을 타인과 비교하지 말라. 그것은 당신 자신을
모욕하는 것이다."
알렌 스트라이크가 한 말이다. 자신을 타인과 비교하는 순간,
불행은 고개를 쳐드는 법이다. 우리는 살아가면서 자기 자신부터
주변에 이르기까지 분별을 통한 비교의 일색으로 점철되어 있다.
'비교는 기쁨을 훔쳐 가는 도둑'이란 말이 있듯이 세상의 모든
고통은 타인과의 비교를 통해 만들어진다.

남과 비교하면 언제나 자기 것이 작아 보이고 비교 분별심 때문에 스스로의 마음을 옥죄게 된다. 남과 비교하는 것처럼 어리석은 일은 없다. 남과 비교할 것이 아니라 어제의 자기와 오늘의 자기를 비교하여 자기의 발전상에 더 사유해야 한다.

세상 사람들이 모두 행복하게 보일지라도 사연 없는 사람, 아픔 없는 사람 어디 있을까? 캐나다 교수 어니 J. 젤렌스키는 느리게 사는 즐거움에서, "주변 시선 때문에 알량한 자존심 때문에 내 삶을 바꾸겠는가? 중요한 것은 자기 자신을 사랑해야..... 어머니가 당신을 사랑하는 것보다 더 자신을 사랑해야 한다."라고 했다. "이 세상 최고의 투자 종목은 자기 자신"이라고 워렌 버핏이 말했다. 다른 사람이 잘 사는 것 부러워하지 말고 스스로 명품이 되는 것이 더 중요하다.

자신을 사랑하는 것이 자신에게는 최고의 선물이다. 타인의 시선이나 평가에 얽매이지 말고 자신에 대한 사랑을 온전하게 만들어라. 삶의 목적이 누구처럼 되는 것이 아니라 오직 자기 자신과의 경주임을 잊지 말자.

● 당신의 동의 없이 누구도 당신에게 열등감을 줄 수는 없다.
  – 엘리너 루즈벨트

● 자기로서 존재하라, 그리고 잊지 말라. 자기 자신을 아는
  자에게는 슬픔이 없다는 것을.

  – 매튜 아널드

● 인간은 누구나 타인과 비교하려는 성향이 있다. 그리고 남이
  가지고 있는 것을 자기도 얼마나 갖지 못했나를 열심히
  찾으려고 한다. 이런 버릇에 빠지면 결국 자기만 비참해지고
  쓸데없는 에너지를 낭비할 뿐이다.

  – 진구지쇼(일본 심리학자)

● 남의 삶과 비교하지 말고 너 자신의 삶을 즐겨라.

  – 콩도르세

■

타인의 행복을 자신의 고통으로 받아들이는 사람은 결코
행복할 수 없다. 그러나 당신은 자신이 바랄 수 있는
그 이상을 바라고 있는지 모른다.
받은 것에 대해 감사하라. 그 나머지에 대해서는 기다리고
넘치도록 가지고 있지 않은 것에 기뻐하라.

– 세네카『화에 대하여』중에서

돈을 쓰는 것은 예술

돈을 벌기도 어렵지만 돈을 보람 있게 쓰기는 더 어렵다.
영원한 내 것은 없다. – 이동찬(코오롱 회장)

인간의 욕심은 어느 정도일까? 채우고 또 채워도 만족은커녕
결핍을 느끼는 것이 사람의 마음이다.
니체는 "어느 정도까지는 소유라는 것이 한층 더 독립적으로
자유롭게 하지만 한 걸음 더 나아가면 소유가 주인이 되어
소유자는 노예로 된다."라고 말했다. 많이 갖고서도 가진 것을
외면하고 부족한 부분에만 초점을 맞춘다면 만족한 삶이라 할 수
없을 것이다. 적지 않은 사람들이 돈은 곧 행복이라 생각하지만 돈
자체는 행복이 아니다. 가진 돈을 어떻게 쓰느냐에 따라 행복을

창조해 낼 수 있다. 돈에 책임이 따르는 것은 돈을 벌 때는
물론이지만 쓸 때도 잘 써야 한다. 꼭 필요한 곳에 쓰지 않으면
시샘하는 세력이 생겨 부와 권력을 잃게 되는 경우가 허다하다.
분별없이 쓰는 것은 허세일 뿐이다. 성숙한 사회일수록 자신의
행복보다는 더 많은 사람들의 행복을 위해 사회적 책임을 다하는
보람 있는 삶을 택하는 사람들이 많아지고 있다.

우리가 잘 아는 노블레스 오블리주는 1808년 프랑스의
정치가 가스통 마르크에 의해 처음 사용된 말이다. 높은 신분에
따른 도덕적 의무를 다 해야 한다는 뜻을 지니고 있다.
중국 최고의 부자 알리바바 그룹의 마윈 회장은 미국 CNBC
방송과의 인터뷰에서 "부자라는 건 골치 아픈 일이다.
갑부가 되면 돈에 눈독 들이는 사람들에게 둘러싸이게 마련이다.
부자라는 고통에서 벗어나기 위해 기부에 앞장설 것"이라 했다.
돈을 잘 버는 것은 기술이고 그 돈을 잘 쓰는 것은 예술이다.
부자보다는 잘 사는 사람이 되어야 한다.

훌륭한 예술작품이 영원히 남는 것처럼 돈도 좋은 곳에
쓰인다면 계산할 수 없는 가치를 지닌다. 가장 불행한 사람은
돈을 사용할 줄 모르는 사람이다.
미국의 백만장자 중 50% 이상이 부모에게 단 1달러도 받지 않고

스스로 자수성가한 사람들이다. 자신의 일을 즐기고 인생의 멋과 행복을 위해 베풂에서 가치를 찾고 있다.

빌 케이츠, 워렌 버핏 등 38명의 억만장자는 살아 있는 동안 혹은 죽은 후 자기 자신의 재산 절반 이상을 기부하기로 서약했다.

　　비움은 동양 사상의 큰 가르침 가운데 하나이면서 도달하기 가장 힘든 이상적 선행이다. 삶 자체가 나눔의 연속이다. 역사상 성자와 현인들은 한결같이 자비, 사랑, 선행으로 이 세상을 좀 더 살기 좋은 곳, 아름다운 세상으로 변화시키기 위해 선업을 실천해 왔다. 돈을 버는 것 자체에 몰입하기 보다 잘 벌어 보람 있게 잘 쓰는 것에 눈을 돌려 보자.

- 누군가 오늘 그늘에 앉아 있을 수 있는 것은 다른 이가 오래전에 나무를 심어서이다. – 워렌 버핏

- 나눔이야말로 지혜롭게 인생을 살 수 있는 첫 번째 비결입니다. – 빌 게이츠

- 사람이 일생을 마친 뒤에 남는 것은 모은 것이 아니라 뿌린 것이다. – 제라르 핸드리

- 모아둔 것은 내가 잃어버린 것이고, 써 버린 것은 예전에 내가 가졌던 것이며, 남에게 베푼 것은 내가 지금도 가지고 있는 것이다. – 에드워드 코트니

- 인생을 살아오면서 많은 부자들을 알게 되었다. 그런데도 그 사람들 중에 진정으로 행복한 사람은 극히 드물었다. 그 사람들은 자신들이 행복하다고 주장할 때가 많지만 실제로는 초조하고 불안해하고 괴로워하며 다른 사람들을 비판하기 좋아하고 재산을 잃을까 두려워한다. 다른 부유한 사람들만큼 가지지 못하게 될 것이 두려워 더 많은 돈을 벌기 위해 끊임없이 발악하고 자신들이 행복하지 못한 이유가 더 많이 갖지 못했기 때문이라고 생각한다. 부자들 중에서도 행복해하는 사람들은 기부를 하고 다른 사람들을 돕는 거죠. 그렇게 하면 의미 있는 인생이 되잖아요. – 죤 E. 월슨스(미국 명상가)

잘못 지적하지 않기

행복한 삶은 평화로운 마음에서 비롯된다.

– 키케로

행복의 절대적인 원천은 사람과의 원만한 인간관계이다.
최근 심리학자들은 좀 더 평화로운 마음으로 행복한 삶을
영위할 수 있게 도움을 주는 공식을 만들었다. 바로 'Stop finding
fault(잘못 지적하지 않기)'이다. 지적하기 위해서 상대의 잘못을
발견하려고 탐구하는 것은 자신에게는 물론 상대에게도 마음의
상처를 주어 스트레스가 된다. 사람이 살아가는 데에는 지식의
영향이 30%이고 70%가 감정의 영향을 받는다고 한다.
결국 남의 잘못을 지적하는 것은 감정을 건드리는 것이 된다.

잃어버린 세대의 대표적 작가 피츠제럴드는 "남의 잘못을 따질 때는 항상 다른 사람이 너와 같은 환경에서 자라지 못한 것을 기억하라."라고 했다. 허구한 날 타인의 간섭을 받는 것을 좋아하는 사람은 없을 것이다.

부정적인 감정을 너무 자주 터뜨리면 습관이 되고 스스로 스트레스에 갇혀 살게 된다. 남의 단점을 찾기보다는 남의 좋은 면을 찾다 보면 칭찬을 하게 되고 자신도 좋은 점을 닮아 간다. 공자는 "군자의 마음은 평안하고 넓으며, 소인의 마음은 항상 근심하고 걱정한다."라고 했다. 세상이 평화롭기를 바란다면 먼저 자신에게 조금만 더 관대해져야 한다. 자신 속에 평화를 가져오면 다른 사람에게도 평화를 가져다줄 수 있다. 그리고 고민으로부터 벗어나 마음의 평화를 진정으로 얻기를 바란다면 사소한 일에 관여하지 말아야 한다. 인생은 사소하게 살기에는 너무나도 짧다.

- 우리 자신 안에서 평화를 발견할 수 없을 때, 그것을 다른 곳에서 찾는 것은 부질없다. – 프랑수와 드와로슈푸코

- 물은 고요 속에서 맑아진다. 나는 어떻게 고요해질 수 있는가? 흐르는 물에 나를 맡기면 된다. – 노자

마음의 평화는 과거의 나와 현재의 나, 그리고

미래의 나와 연결되어 있습니다.

마음의 평화는 자신의 잘못된 과거를 용서하고

그것으로부터 놓여나

자신을 신뢰하면서 현재를 충실히 살아갈 때 찾아옵니다.

– 파울라 콕스『마음의 평화』중에서

미소, 행복을 여는 열쇠

걱정일랑 모두 낡은 가방에 넣어 버리고 이제 웃어라.
웃어라. 웃어라. – 조지 에세프

사람이 아름답게 보일 때에는 웃고 있을 때이다. 인간이 보여줄
수 있는 가장 큰 아름다움이 웃음이다. 웃음은 선의 가치를
전파한다. 쇼펜하우어가 "많이 웃는 사람은 행복하고 많이 우는
사람은 불행하다."라고 말한 것처럼 그 사람의 얼굴에 그 마음이
나타난다. 웃음만큼 인생을 윤택하게 하는 것은 드물다.
웃음은 사람을 끄는 매력을 갖고 있다. 웃음이 가득한 사람은
누구에게나 호감을 받으며 그 사람 옆에 있으려고 한다.
미소는 가장 적은 비용으로 사람의 얼굴을 아름답게 만든다.

어떤 얼굴이라도 웃으면 아름다워진다. 좋은 운을 만나 성공한
사람들은 거의 대부분 멋진 웃음을 가지고 있다.

미국 격언에 "따뜻한 미소는 친절을 드러내는 세계 공통어"라고
했다. 책의 민족, 웃음의 민족으로 불리는 유대인은 항상 웃음과
유머를 통해 어려움을 극복해 낸 민족이다.

　　세상은 거울과 같다. '자신의 미소가 다른 이의 미소를
가져온다'는 말이 있는 것처럼 웃음은 전파 능력을 갖고 있다.
그런데 요즈음은 웃음이 사라지고 있다.

경쟁 사회에서 긴장, 불안, 초조 속에 마음의 빗장을 걸어 잠그고
있어 웃음과 해학, 여유, 다정함을 잃어가고 있다.

아리스토텔레스가 "인생의 목적이 행복이라면 웃음은 행복을
열어 주는 열쇠"라고 했듯이 잘 웃는 사람 주변에는 늘 행운과
복이 함께하는 것이다. 물론 항상 웃어야 진정 웃을 일이 생긴다.

　　경전에도 "돈 들이지 않고 보시할 수 있는 것 중 으뜸은
웃음(眼施)"이라고 했다. 누군가에게 미소 짓기만 해도 베푸는
사람이 된다. 웃음은 '당신이 있어서 기쁘다'라는 존중의
메시지이다. "세상에서 가장 심하게 고통받는 동물이 웃음을
발명했다."라고 니체는 말했다.

웃음은 걱정과 우울함을 해소하고 사랑과 마찬가지로 치유의

기적을 낳는다. 웃지 않은 날은 헛되이 산 날로 인생에 포함시키지 않는다는 말이 있듯이, 아름다운 의복보다는 웃는 얼굴이 훨씬 인상적이다. 우리의 내면에는 항상 웃음 폭탄이 장전되어 있다. 웃음 폭탄의 뇌관을 건드려 보라.

● 만일 사람들이 웃음, 환호, 기쁨의 의학적 효과를 알기만 한다면 의사 중 절반은 실업자가 될 것이다.

  – O.S. 마든

● 원하는 것이 있을 때 칼로 얻으려 하지 말고 웃음으로써 그것을 이루어라. 주먹으로 때리는 것보다 웃는 얼굴로 위협하라.

  – 셰익스피어

● 한두 번 미소 짓는 것만으로도 사람들에게 행복감을 안겨줄 수 있는 데도 그것조차 안 하는 사람이 있다.

  – 바덴(미국 사회교육자)

■

싸움에서 이기지 못했는가?

웃어 버려라.

권리를 무시당했는가?

웃어 버려라.

사소한 비극에 사로잡히지 말아라.

웃어 버려라.

총으로 나비를 잡지 말아라.

웃어 버려라.

일이 잘 완수될 수 없었는가?

웃어 버려라.

궁지에 몰려 있다고 생각하는가?

웃어 버려라.

당신에게 무슨 일이 있든지 간에 웃음과 같은 처방은 없다.

- 헨리 루러포드 엘리엇

영혼으로 치유하는 명상

순간마다 일을 자각하며 깨어 있는 의식으로 살아라.

과거가 아니라 현재에 살아라.

위험을 감수하라.

그러면 그대는 주변에 전혀 다른 현상이 일어나는 것을
볼 것이다.

삶이 황홀해진다.

삶이 깊이와 의미를 갖기 시작한다.

취한 듯이 짜릿하고 황홀한 삶이 전개된다.

순간순간 살아갈 때
그대는 지식에 따라 살지 않는다.

지식은 과거로부터 온 것이기 때문이다.
과거를 버리고 순간순간을 살아갈 때
매 순간 과거를 죽이면서 살아갈 때
그대는 어린아이처럼 천진난만한 삶을 산다.

어린아이처럼 사는 것, 이것이 현재의 삶이다.
예수는 어린아이처럼 되지 않는 한
신의 왕국에 들어갈 수 없다고 했다.

지식에 매이지 않는 삶을 살아야 한다.
경이감에 넘치는 눈을 감고
천진난만하게 살아야 한다.
항상 놀랄 준비가 되어 있어야 한다.
삶은 놀라운 일로 가득하다.

이 놀랍고 경이로운 일들을 보지 못하는 것은
지식의 먼지가 그대의 눈을 가렸기 때문이다.
지금도 사방에서 경이로운 일들이 일어나고 있다.

삶은 기적이다.
어떻게 권태를 느낀단 말인가.
삶은 하나의 기적이다.
삶은 터무니없고 우스꽝스러움으로 가득하다.

– 오쇼 라즈니쉬

명상으로 얻는 평안

에덴동산은 어디인지 지옥은 어디인지 내가 찾아 나서고자
했을 때 지혜로운 스승이 말씀하시기를, 네 안에 모든 것이 있다.
네 안에서 찾거라. – 페르시아 속담

"사람이 숨을 쉬고 있다고 해서 다 살아 있는 것이 아니다. 숨을
쉰다는 것은 그를 아직 땅에 묻어서는 안 된다는 의미일 뿐이다.
세상에는 숨을 쉬면서도 살아 있지 않은 사람들이 많다."
미국 의사 말로 모건이 무탄트 메시지에서 한 말이다.
다산 정약용도 유생무생有生無生의 인생을 말하면서 "아무런 의미
없는 인생은 살아 있어도 죽은 인생이나 마찬가지"라고 했다.
인류는 지난 수 세기 동안 고도한 지식과 과학 기술의 발전으로

물질적 풍요를 누리고 있다. 하지만 그것을 사용할 정신은
오히려 초라하기만 하다. 위선에 가득 찬 각박한 사회에서 기쁨을
잃어버린 채 다투고 상처받아 스트레스와 불안, 우울증이 급속히
확산되고 있다. 이런 시대에 마음의 평화를 얻기 위해 명상의 문을
두드리는 것은 지극히 자연스러운 일이다. 선진국일수록 정신
병동은 늘어나고 제일 잘 팔리는 약이 우울증 약이다.

　　　국제보건기구 WHO는 인류에게 가장 부담을 주며 모든
연령에서 나타나는 미래 질병 1위로 우울증을 꼽았다.
인류 문명의 흐름이 바뀌지 않으면 물질문명 속에서 돌이킬 수
없는 상실의 시대가 초래될 것이 분명하다. 우리의 의식과 삶의
방향을 전향하여 영적 성장을 탐구해야 할 시대가 온 것이다.

　　　"욕망에 휘둘리는 나를 도로 찾으라."라고 맹자가 말했다.
명상은 우리 삶에서 전혀 새로운 길을 걷게 한다.
명상은 인간을 변화시키는 삶의 한 방식이며, 깨달음에 이르는
가장 빠른 길이다. "명상 속에 생각하는 자 없다."라는 말이 있다.
인간의 내면을 관찰해 보면 쓸데없이 쌓아 놓은 것들이 많다.
해묵은 감정, 아집, 불안감 등 마음의 쓰레기로 인해 무한한
감정과 생각들이 일어나고 사라진다. 지고 가지 않아도 될 근심
걱정을 짊어지고 살아간다. 자신의 생각을 깨끗하게 버린 게

성자이고, 자신의 생각을 애지중지하는 게 중생이다.

자기 삶을 예술로 가꾸는 삶의 기술이 명상이며 명상을 통해서 진정한 나를 찾아 살 수 있다. 명상은 마음을 열어 살아오면서 수집된 망상의 수많은 쓰레기를 대청소하여 내면의 소음을 잠재우고 고요해지게 한다. 명상 수행의 참된 목적은 모든 것을 놓아버리는 데 있다. 명상은 일종의 마음 단식 작용으로 영혼을 맑게 하여 초월 상태에 이르게 한다.

우리는 세상을 바라볼 때 기억을 통해서 보게 된다. 새로운 경험은 그 지식을 통해서 보게 되고, 의식이 기억과 동일시된 것이 바로 에고이다. 자신을 아끼면서 번뇌에 취해 살아온 수많은 삶에서 빠져나와 자신이 아닌 한 영혼으로 세상에 존재하고 있음을 보는 게 명상이다. 그렇게 되면 내면에는 참나의 희열로 가득 차게 되는 것이다. 하루 한 번이라도 명상한다면 몸과 마음의 치유, 진정한 삶의 기쁨을 선물할 수 있다.

● 미국 듀크대 메디컬센터에서 노인 4,000명을 대상으로 6년간 연구한 결론으로, 한 달에 한 번 이상 기도나 명상을 한 노인들은 그렇게 하지 않은 노인들에 비해 사망률이 50% 이상 낮았다.

- 내가 나를 돕지 않는다면 누가 나를 돕겠는가?
  지금이 아니라면 언제?
  − 라비 힐렐

- 갓난애^{嬰兒}는 무욕^{無欲}이고 무심^{無心}이며 희로애락에 동하지
  않는다. 이것이 인간의 이상이 아니겠는가.
  − 노자

- 명상에는 수많은 방법이 있지만 목표는 하나니
  그것은 마음을 생각의 파동으로부터 자유롭게 하는 것이다.
  명상은 각자의 영혼을 신과 일치시키는 예술이다.
  명상이란 생각의 혼란을 떨쳐 버리는 것이다.
  세상에는 평화가 없다.
  평화는 오직 명상 안에 있다.
  − 바바라 하리다스

아름다운 명상의 세계

삶의 목적을 더 높은데 두지 않는다면 단지 일상의 삶을
살 수 있을 뿐이다. – 달라이 라마

인생이란 고통과 괴로움, 어려움으로 가득 차 있다. 무엇이
진정한 행복인가? 번뇌를 멸진시키고 마음의 평화를 얻기 위해
무지로부터 깨어나서 지혜의 문을 활짝 연 분이 붓다이다.
우리는 본래 붓다와 같은 본성을 지녔다.
명상은 평화로움을 되찾는 내면의 힘이다. 명상의 원리는 이완
속의 집중이다. 부대끼고 쫓기는 일상에서 잠깐의 시간으로
마음이 편안해지고 평화로워진다면 이보다 좋은 일이 있을까?
살아오면서 누적되어 온 낡은 의식을 비우는 방법 중 가장

효과적인 것이 명상이다. 비워 낸 그 자리에 무한한 평화와
기쁨이 채워져 세상은 넓고 아름답게 보인다. 마음이 죽어야
한다. 사념을 제거해야 한다. 사념의 첫 번째는 나다.
진정한 명상은 나를 버리는 것. 명상은 주위 환경으로부터
자신을 완전히 분리시키고 일상의 감정과 느낌을 지우고
집중함으로써 내면의 평화와 고요를 경험하는 것이다.
명상의 핵심은 무념무상이다. 온갖 허상과 겉치레를 쫓지 말고
생각이 죽어야 한다.

　　　생각이 없는 우리의 존재 자체가 행복이다. 생각 없이
우리 의식을 호흡에만 집중하면 엄청난 행복을 찾을 수 있다.
마음이 고요하면 즐거움이 천년을 간다는 말이 있다.
혼란한 사회에서 편안한 마음을 유지할 수 있는 지혜로운 길이
명상이며 나를 넘어선 무아(無我)의 세계를 경험하는 것이다.

　　　명상은 얼마나 많이 했느냐보다 얼마나 간절한 마음으로
절박한 심정이 담길 때 영혼을 움직인다. 미국 위스콘신 대학의
와이즈먼 뇌신경 연구소는 명상 수행이 뇌세포에 경이로운
영향을 미친다는 사실을 증명해 보였다.
명상으로 얻어지는 여러 가지 이익을 직접 체험해 보라. 우리는
연약하고 불완전하지만 훨씬 나은 존재가 될 수 있다.

명상의 방법 몇 가지를 소개해 보자

우선 꾸준히 수행할 수 있는 조용한 장소를 정하라.
자세는 산처럼 안정적이면서도 편안해야 한다.
눈을 감거나 살짝 뜨고 척추를 똑바로 세워라.
마음은 자신의 숨결과 단전에 있어야 한다.

가부좌를 틀고 앉되 손을 가볍게 무릎에 올려놓는다.
자연스럽게 호흡에 집중하라. 코로 숨을 쉬고 입은 다물며
귀로는 소리를 듣지 않고 오직 호흡에만 집중한다.

숨을 내쉴 때마다 집착을 내려놓아 풀려나가게 한다.
숨을 들이마실 때마다 정신을 진정시키는 맑은 공기가
몸 전체에 퍼지고, 내쉴 때마다 몸 전체에 쌓인 스트레스가
모두 빠져나간다고 상상한다.

몸이 이완되는 것을 느끼면서 자신의 생각과 감정이
서서히 걸러짐을 느낄 수 있다. 세상의 모든 분별과 욕구를
내려놓고 몸과 마음에서 일어나는 변화를 살펴라.

생각과 의식을 비우고 나면 순수의식만 남는다.
내면의 고요와 평화가 느껴지고 갑자기 세상의 모든 것이
사라진 후 심오하고 평온하며 우주와 하나가 되는
진리에 이르게 된다. 그러면 자기 자신은 없어지고 나라는
아상이 없어져 참 나와 만나게 된다. 세상에서 이보다
더 큰 기쁨, 이보다 더 황홀한 순간이 있을까?

● 명상을 통해 오는 기쁨은 너무나 엄청난 것이었다.
눈 둔덕에서의 어릴 적 경험이 자꾸 되살아났고, 만물은 저마다
나름의 완전함 속에서 아름답게 빛나고 있었다.
세상 사람들이 추악하다고 보는 것 속에서도 나는 영원한
아름다움을 발견하곤 했다. 이러한 영적인 사랑은 내 모든
지각을 가득 채웠다. 여기와 저기, 그때와 지금, 너와 나라는
모든 경계선이 사라졌다.

– 데이비드 호킨스 『의식 혁명』 중에서

● 버릴 줄 알면 티끌세상도 선경이되, 깨달음을 얻지 못하면
절에 있어도 속세로다.

– 홍자성(환초도인) 『채근담菜根譚』 중에서

● 호흡은 삶에 있어서 가장 근본적이며 기본적인 것이다.
호흡이 없으면 생존은 불가능하다. 삶은 호흡과 연결되어 있다.
빛의 근원에 대한 경험은 숨을 마시고 내쉬는 두 호흡
사이에서부터 시작된다. 숨이 들어오고 들어온 이 숨이 다시
밖으로 나가기 직전 바로 거기가 축복으로 가득 찬 곳이다.

– B.S. 라즈니쉬 〈명상 비법〉

● 망각에 빠진 의식 상태인 망상으로부터 해방되는 유일한 길은 단지 그 사실을 알아차리는 것입니다.

- 아남 툽텐(티벳 수행자)

나는 누구인가?

이 나는 에고, 즉 '나'라는 생각일 뿐입니다.
이 '나'라는 생각이 일어난 뒤에
다른 모든 생각이 일어납니다.
'나'라는 생각은 따라서 뿌리 생각입니다.
이 뿌리를 뽑아 버리면 나머지 모든 생각이
동시에 뿌리 뽑힙니다.
따라서 뿌리인 나를 추구하여 그대 자신에게
'나는 누구인가' 하고 물으십시오.
그 나의 근원을 찾으십시오.
그러면 모든 문제가 사라지고
순수한 진아만이 남게 될 것입니다.

- 바가반 슈리 라마나 마하리쉬

깨어 있어라

세상을 건너는 그대 자신의 배를 그대가 빈 배로 만들 수 있다면
아무도 그대와 맞서지 않을 것이다.
아무도 그대를 상처 입히지 않을 것이다. – 장자

"모든 인간은 신성해질 수 있는 기술을 지니고 있다. 공을 들여
계발하면 아름다운 조각이 될 수 있지만, 계발하지 않고 방치하여
씨앗으로 남겨져 있을 뿐 싹으로 돋아 나오지 못하고 있다."
영성가 라즈니쉬가 한 말이다. 의식의 성장은 타인에 대한 배려와
겸손으로 깨어있는 삶을 살아간다. 빈 배는 싸우지 않는다.
그러나 사람이 타기 시작하면 세상에 오염되어 싸우기 시작한다.
끊임없이 부딪히고 상처 받는다. 우여곡절 그 자체가 우리의
삶이다. 채근담^{菜根譚}에서 "차라리 세상을 얕게 체험하여 양심을

덜 잃는 편이 낫다."라고 한 것은 세상의 일에 깊이 관여하는 사람일수록 자기와 남을 이롭게 하기보다는 남을 밟고 올라서는 술수만 더해 가기 때문이리라. 깨어있는 사람들은 나와 남을 하나로, 개체보다 전체에 관심을 두며 살아간다. 그렇기 때문에 나라는 생각, 내 것이라는 집착과 분별심을 여의고 자유로운 삶을 살아간다. 감정을 잘 통제하는 사람이 세상을 잘 사는 사람이다.

　　　세상은 잠시 한 눈을 파는 사이 자기도 모르게 무섭게 회오리치며 낚아채 간다. 정신줄을 놓는 순간 어디로 흘러갈지 모르는 감정의 격랑 속을 파도치게 되는 것이다. 사랑과 행복의 꽃밭으로 자신을 안내하는 게 아니라 시빗거리에 말려들기 쉽다. 늘 깨어 있어야 하는 이유다.

● 종교들은 말한다. 선하라, 선하면 아무도 그대에게 화를 내지 않는다. 하지만 도는 말 한다. 존재하지 말라, 사라져라, 자기를 비워라. – 오쇼 라즈니쉬

● 그대의 삶은 그대의 것. 두들겨 맞고 굴종의 시궁창에 처박히게 하지 말라. 잘 살펴보라. 빠져나갈 길이 있다. 어딘가에 빛 있다.
　　– 찰스 부코프스키(독일 작가)

영혼의 정화

자신을 완성시켜라. 우리는 완성된 상태로 태어나지 않는다.
날마다 조금씩 우리는 인격과 직업에서 완성되어 간다.

– 발타즈 그라시안

그대는 살아 있으면서 죽어라. 아주 죽어라. 그러면
원하는 것은 무엇이든지 할 수 있다. 무엇을 해도 좋은 일이다.

– 무난선사 (11세기)

인간은 처음부터 완성에 도달할 만큼 정교한 것으로 만들어진
존재가 아니다. 누구나 실수하는 불완전한 존재이다.
우리는 고통 속에서 삶을 배우고 지금도 인생을 붙들고
자기완성의 길로 가고 있다. 하지만 마음의 본성은 너무 가까이

있어서 깨닫기가 어렵다. 인생의 유일한 목표는 진정한 자기 자신이 되어야 한다. 또한 우리의 타고난 능력을 실현시킬 때 인생의 묘미가 있는 것이다.

우리는 의식의 성장에 의해 또 하나의 세계를 깨뜨려 경이로움으로 가득 찬 자기 본성을 볼 수 있어야 한다. 본래의 마음은 그림이 그려지기 이전의 화선지처럼 깨끗하고 텅 비어 있다. 살아가면서 감각을 통해 보고 느끼면서 형성된 상념체를 자기로 알고 항상 잡다한 생각에 끌려 망념이 자신을 지배하는 삶을 살아간다. 삶에서 정말 중요한 것은 자기가 갖고 있는 소유물이 아니라 '나는 누구인가'에 대한 탐구이다. 탈무드는 "자신을 아는 것이 최대의 지혜"라고 했으며, 아리스토텔레스는 "자신에 대해 아는 것이 모든 지혜의 시작"이라고 했다. 타고르는 "이 세상에 내가 존재한다는 사실이 영원한 생명의 경탄"이라 했다.

진정 나는 누구인가? 몸과 마음을 바라보는 의식이 자기 자신이고, 자기의 삶은 자기가 생각한 것의 결과물이다. 자기라는 인간을 체험하는 그것이 자기의 삶이다. 세상을 살아가는 주체는 자기 자신이다. 자기가 대본을 쓰고, 자기가 연기하는 가장 소중한 사람이 자기 자신이다.

자신은 세상만사의 시작과 끝이다. 그럼 가장 나답게 사는 길은 무엇일까? 우리의 습관적인 생각에서 벗어나 깨어있는 자기 자신으로 살아가는 법을 배워야 한다. 깨어있는 마음은 사물을 판단하고 해석하고 집착하고 저항하지 않는다.

선입견과 판단에서 벗어났을 때 낙천적이고 자연스러운 자신을 발견할 수 있다.

불교의 핵심인 중도中道는 '모든 것을 내려놓고 받아들인다'는 의미이다. B. 베이컨은 "어떤 것에도 집착하지 않을 때 자기 자신은 저절로 사라져 버린다. 자기 안의 울림에 귀 기울이면서 진정한 자신을 발견하여 세상사 얽매임 없이 삶을 산책하듯 삶의 과정을 즐기는 것이 완성의 길로 가는 것이다."라고 했다.

　　육체의 욕망, 교만, 욕심은 인간이 가지는 세 가지 유혹이다. 그로 인하여 모든 불행이 과거에서 미래에까지 인류의 무거운 짐이 되고 있다. 이 무서운 병을 극복하는 방법은 단 한 가지, 스스로를 닦는 수양修養 이외에는 없다. 마음의 수양이 곧 선禪의 요체이다. 마음 바탕이 밝으면 세상이 아름다움으로 가득하다. 물속에 흙탕물이 일고 거울에 때가 끼면 사물을 투영할 수 없다. 그렇다고 해서 물과 거울의 깨끗한 본성이 없어진 것이 아니다. 평상시 인간의 마음은 흙탕물이 담긴 유리병과 같다.

명상을 통해 마음의 불순물을 가라앉히면 부정적인 공간이
사라진 맑은 영혼을 얻게 해 준다.

명상은 우리 삶에 단순함과 순수함을 가져다준다.

원래 마음은 청정하지만 세속적인 삶에는 영혼이 더럽혀질
수밖에 없다. 한번 묻은 때는 쉽게 지워지지 않기에 영혼을
정화하는 일은 간절한 각고의 정진이 있어야 한다.

명상 수행을 통해 자기를 발견하는 일에 게을리하지 말아야
진정한 자기를 찾을 수 있다.

● 밖의 모든 연을 끊고 내심^{內心}의 숨찰^喘 일 없이 마음이 장벽과
  같으면 그때 도^道에 들리라.

  – 달마대사

● 너는 너 자신만의 불길로 너 스스로 불태우고자 해야 한다.
  먼저 재가 되지 못할 때 네가 어찌 새로워지길 바라겠는가?

  – 니체

4

행복은 건강이라는 나무에서 피어나는 꽃

가족들이 서로 맺어져 하나가 되어 있다는 것이
이 세상에서 유일한 행복이다.

– 퀴리 부인

부모를 사랑하는 사람은 남을 미워하지 않고,
부모를 존경하는 사람은 남을 얕보지 않는다.

– 효경孝經

희망의 발원지, 가족

왕이든 백성이든 자기의 가정에서 평화를 발견하는 사람이 가장
행복한 사람이다. - 괴테 〈격언의 빈정〉

'아버지 어머니, 나는 당신을 사랑합니다.'라는 어원을 가진
가족 family 은 사랑과 대화로 한 울타리를 만들어 생각과 감정을
나누는 최소 사회다. 슬픈 일, 어려운 일, 어떤 일이 있어도 내 편이
되어주고, 위기의 순간마다 버팀목이 되어주는 우리의 마지막
피난처가 바로 가족이다. 인생에서 가장 본질적인 보람은 일이나
성공이 아니라 든든한 가족을 이루는 일이다.

인간 사회에서 가장 중요한 미덕은 가족과 가정을 중심으로
형성되고 유지된다. 가정은 엄마 중심도 아빠 중심도 아닌 부부

중심이 되어야 하며 부모의 자리는 사랑으로 모든 것을 수용해야 할 자리이다. 가정은 희망의 발원지이며, 가족들이 서로 하나로 맺어져 있는 것, 그것이 세상에 유일한 행복이다.

　　일상에서 우리는 너무 가까이에 있어 가족의 소중함을 잊고 살 때가 많다. 하지만 서로 바라보는 가족이 없다면 얼마나 외롭고 고독하겠는가? 어느 집인들 근심 없는 집이 있을까? 가정이 울타리이면서 때로는 족쇄로 느껴지는 갈등도 발생할 수 있다. 하지만 다정한 대화로 모든 게 해소될 수 있다. 가족끼리 다투거나 주장을 되풀이하면 논쟁으로 변하기 마련이다. 논쟁은 이기는 것이기에 이기는 것은 상대를 잃는 것이 된다. 가족은 생각의 다름을 수용함으로써 관계가 회복될 수 있다.

　　천당과 지옥을 한꺼번에 경험하게 해 준 사람이 남편과 아내라는 말이 있다. 행복한 부부는 서로 사랑하고 격려한다. 하지만 불행한 부부는 서로를 공격하고 무시한다. 행복하게 함께 살기 위해서는 남자는 귀머거리가 되고 여자는 눈이 멀어야 한다는 프랑스 속담이 있다. 미국의 지미 카터 전 대통령은 "가족이란 특히 부부는 사랑이 30%, 용서가 70%"라고 했다. 가족의 의미를 일깨우는 말이다. 세상에 자기 자식 귀한 줄 모르는 부모가 어디 있을까.

자식들에게 물려주어야 할 최고의 선물은 부부간의 사랑과
공경을 보여 주는 것. EBS TV 프로그램 '아빠 찾아 삼만 리'에
나오는 가족 이야기는 참으로 아름다운 감동을 준다.
가족들을 위해 이역만리에 와서 고된 노동을 하는 외국의
아버지들이 가족과의 극적인 상봉에서 눈물을 훔치면서 서로
쓰다듬어 주는 그 사랑이 진정한 가족 본래의 모습이다.
가족은 영원한 마음의 고향이자 지친 영혼의 쉼터로서 세상 모든
행복의 씨앗은 가정에서 시작된다.

가족의 따뜻한 추억이 많은 사람일수록 행복한 사람이다.
우리가 가장 소원하고 있는 것은 가족의 건강과 행복이다.
오늘이 지나면 다시 못 볼 사람처럼 가족을 대하라. 가족의 사랑은
나눌수록 차곡차곡 쌓이는 저축과 같이 든든한 것으로 세상에
태어나 가장 멋진 일은 가족의 사랑을 배우는 일일 것이다.

● 우리는 온갖 선물을 자녀에게 건네준다.
   하지만 가장 소중한 선물이라 할 수 있고,
   자녀에겐 무척이나 의미 있는 부모와의 인간적인 교제
   이것을 주는 데는 극도로 인색하다.
   – 마크 트웨인(미국 작가)

- 봄바람이 언 것을 풀듯 화기가 얼음을 녹이듯 하라. 이것이
  가정의 규범이다. -『채근담菜根譚』중에서

- 가족들이 하나로 되어 맺어져 있다는 것이 세상의 유일한
  행복이다. - 퀴리 부인

- 나의 인생에 있어 가장 행복했던 순간들은 집에서 가족들과
  함께 단란하게 보냈던 그리 많지 않은 시간들이다.

  - 토머스 제퍼슨

- 열일곱 살에 결혼하여 서른세 살에 혼자가 되었어요.
  눈이 오고 비가 오면 먹을 것이 없어 울었어요. 옛날 생각하면
  자식들에게 미안하고 고마워요.

  - 한외순 (전북 노인복지관에서 출품한 옛날 생각)

아버지라는 이름으로의 자리

한평생 할부금 내느라 죽도록 일하고 할부금 다 갚고
결국 내 집이 되면 그 집에 살 사람이 없어.

– 아서 밀러 『세일즈맨의 죽음』 중에서

남자는 아이가 태어나는 순간 어쩔 수 없이 아버지가 된다.
아이가 아버지라 부르는 순간 두 어깨에는 무거운 짐이 실려진다.
누구에게나 아버지가 있다. 그러나 좋은 아버지가 되기란 쉬운
일이 아니다. 가족들을 위한 생계는 물론 행복까지도 책임져야
하기 때문이다. 아버지는 늘 강한 존재로 인식되지만 그 내면에는
나약함과 말할 수 없는 고독감이 감춰져 있다.
삶의 현장에서 자존심을 내려놓고 오직 가족을 먼저 생각하며

고통과 아픔을 걸머진 채 걸어가는 사람이 아버지이다.

아버지는 자식들이 남의 칭찬을 들을 때 제일 기분 좋지만 잘못을 저지를 땐 아비가 못나서 그렇다고 자책하는 사람이다. 아버지는 사랑 표현이 능숙하지 못하지만 마음 안에는 자식을 향한 사랑은 용암처럼 들끓고 있다. 사회와 문화가 아버지들의 눈물을 억압하지만 아버지들도 운다.

어느 어머니와 아들이 다투게 되어 아들의 언성이 커지자 무척 슬퍼한 어머니는 눈물을 흘렸다. 그런 일이 있은 후 아버지와 아들이 함께 차를 타고 가던 중 아버지가 아들에게 "너는 나중에 네 애인이 생겼을 때 어떤 남자가 네 애인에게 눈물을 흘리게 한다면 어떻게 하겠느냐?"라고 물었다. "그런 놈을 그냥 둬요? 팍 뒈지게 패 줘야지요." 하고 아들이 대답했다. 그러자 아버지가 조용히 말했다. "네 엄마 울리지 마라. 내가 가장 사랑하는 여인이거든......"

　　　요즘은 가정에서 아버지의 자리가 점점 좁아지고 있다. 아버지의 역할이 축소되고 무시당할 때가 있다. 그럴수록 아버지의 자리는 좁아지고 위축된다. 아버지가 힘이 없어지면 그 가정도 결코 건전할 수 없다. 아버지의 사기를 돋우고 존재 자체만으로도 행복한 가정을 이루자.

● 어쨌든 결혼하도록 하라.

만일 그대가 훌륭한 아내를 얻으면 그대는 행복해질 것이다.

만일 나쁜 아내를 얻으면 그대는 철학자가 될 것이다.

어느 편이던 그대에게는 좋은 일이다.

    – 소크라테스

● 나의 상냥한 사람이여. 한가위 달을 혼자 쳐다보며

당신들을 가슴 하나 가득 품고 있소.

    – 이중섭 '아내에게 보낸 편지' 중에서

● 싸우지 말아라.

아침이면 남편은 안쓰럽게 우리를 떠나지만 그는 모른다.

아이들의 가볍고 보드란 입김이 따라가는 것을, 그가 싸울 때

그러지 마세요, 그러지 마세요, 떨고 있는 것을.

    – 김유선 '가족' 중에서

■

아버지와 관계를 개선하고 싶은 한 젊은이가

아버지에게 전화를 걸었다.

그는 몇 년 동안에 아버지에게 전화한 적이 없었다.

"안녕하세요. 아버지 저예요."

"어 그래 잘 있었나? 엄마 바꿔 주마."

"아니요, 엄마 바꾸지 마세요."

"아버지와 얘기하고 싶어서요."

"왜 돈이 필요하냐?"

아들은 아버지가 자신을 공부시켜 주고 먹여 살리느라

힘드셨고, 자신이 이만큼 크게 된 것을 아버지

덕분이라고 말했다.

감사와 존경한다는 말을 했다.

아들의 말을 듣고 한동안 말이 없던 아버지가 마침내

입을 열었다.

"너 술 마셨니?"

– 스티브 비덜프 『남자 그 잃어버린 진실』 중에서

어머니의 영원한 사랑

내가 성공을 했다면 오직 천사와 같은 어머니 덕이다.

— A. 링컨

엄마가 아기에게 젖을 물리면서 "아가야, 오늘 하루 이 엄마가
소홀한 것은 없었니? 엄마로서 부끄럽지는 않았니?" 하고
말했다. 엄마로서의 헌신과 진정한 사랑이 부족하지 않았는지를
자신에게 묻고 있는 것이다. 엄마 냄새가 아이의 인생에 기적을
만든다. 부처님, 하나님의 지극한 사랑과 자비심이 어머니
마음이다. 험한 세상 넘어질세라 나쁜 버릇 고치려 매를
들었어도 어머니는 두 배로 눈물을 쏟는다.
아르메니아 대지진 때 26살인 스잔나와 네 살 된 딸이 14일 만에

극적으로 구조되었을 때 스잔나의 손가락 모두가 피로 물들어 있었다. 아이가 갈증으로 울 때마다 유리 조각으로 손가락을 베어 아이 입에 물렸기 때문이다. 어미 거미는 새끼들에게 자신의 피를 먹여 키운다. 피가 다 떨어지면 죽는다는 것을 알면서도 자기를 희생시키면서 새끼를 성장시키는 것이다.

프랑스의 대표적인 지식인 보봐르 사르트르는 "가정주부의 일만큼 시지프스의 형벌과 비슷한 것은 없다."라고 말했다. 신화에 나오는 시지프스가 땀을 뻘뻘 흘리면서 커다란 바위를 언덕 위까지 밀어서 간신히 정상에 올려놓으면 바위는 다시 굴러떨어지기를 반복하는 무익한 노동이 시지포스의 형벌이다. 가사 노동은 끝이 없이 되풀이되는 하나의 형벌과 같다는 의미가 담겨 있다. 그렇지만 어머니는 그 형벌을 달게 받는다.

어머니의 까맣게 타 버린 그 세월, 그 눈물을 짐작이나 할 수 있을까? 사람들이 인생을 살아오면서 가장 후회되는 일 중에서 돌아가신 부모님, 특히 어머니에게 효도하지 못한 것을 가장 후회스럽게 생각한다고 한다. 어머니의 사랑은 영원히 마르지 않는 샘물이다. 그러나 어머니의 사랑을 깨달을 때쯤에는 이미 우리 곁을 떠나신다. 살아계실 때 효도하자.

- 신은 모든 곳에 있을 수 없기에 어머니를 만들었다.

  – 유대인 격언

- 어머니란 스승이자 나를 키워준 사람이며, 사회라는 거센

  파도로 나가기에 앞서 그 모든 풍파를 막아주는

  방패막이 같은 존재이다.

  – 스탕달

- 어머니

  어머니, 나를 낳으실 때 배가 아파 우셨다.

  어머니, 나를 낳으신 뒤 아들 됐다고 기뻐하셨다.

  어머니, 병들어 돌아가실 때 날 두고 가실 길을 슬퍼하셨다.

  어머니, 흙으로 돌아가신 말이 없는 어머니.

  – 한하운

어머니의 위대한 사랑

1863년 영국의 남부 웨일즈의 추운 겨울밤,
한 여인이 아이를 안고 걷고 있었다.
세찬 눈보라로 더 이상 걷지 못하는 여인이 구조를 요청했지만
낯선 언덕에서 도와줄 사람은 없었다.
다음날 한 농부가 눈 더미 속에서 알몸으로 얼어 죽은 여인과
그의 품에 그녀의 옷으로 감싸진 갓난아이가 숨을 헐떡이고
있는 것을 발견했다. 여인은 추위 속에서 자신의 옷을
하나씩 벗어 아이를 구하려고 필사적으로 노력한 것이었다.
농부로부터 이야기를 들은 이 아이는 틈만 나면 웨일즈 언덕에
올라 추위에 떨며 죽어간 어머니의 모습을 그리며 어머니의
사랑과 희생에 보답하겠다고 다짐하면서 날씨가 추워도 따뜻한
옷을 입지 않고 음식을 배불리 먹지도 않고,
하루 5시간 이상 자지 않고 공부에 전념했다. 이 아이는 훗날
1차 세계대전 중 전시 내각을 이끌었고 베르사유 조약을
성사시킨 영국의 34대 총리 데이비드 로이드 조지 총리이다.

– 데이비드 로이드 조지『1차 세계대전 회상록』중에서

행복은 건강이라는 나무에서 피어나는 꽃이다

건강은 가장 자랑할 만한 육체의 아름다운 특성이다.

건강은 최고의 재산이다.

건강은 멋진 인생이다.

건강에는 자유가 있다.

건강은 모든 자유 중 제일가는 것이다.

건강한 몸은 정신의 사랑방이며

병든 몸은 정신의 감옥이다.

세상에서 가장 어리석은 일은

어떤 이익을 위하여 건강을 희생하는 것이다.

건강 유지는 우리들의 의무다.

건전한 정신이 머물게 하기 위하여 육체를 건강하게

지키고 가꾸도록 하자.

- E. 스펜서

건강하게 산다는 것

우리는 운전사를 고용하여 운전하게 할 수 있고 사람을 고용하여
돈도 벌게 할 수 있다. 그러나 대신 병을 앓아 줄 사람은 구할 수 없다.
– 스티브 잡스

"건강은 자신에 대한 첫 번째 의무이며, 두 번째 사회에 대한
의무이다." 벤자민 프랭클린이 한 말이다. 건강한 몸은 자신의
인격이고 삶의 가치는 건강이 증명해 준다. 속담에 "삼정승 부러워
말고 내 몸 좋아하라"는 말이 있다. 세상에서 가장 소중한 것은
재산도 권력도 명예도 아닌 건강이다. 건강을 잃으면 모든 것을
다 잃는다. 건강하면 어떤 환경에서도 인생에서 부자이고 성공한
사람이고 만사의 즐거움과 기쁨의 원천이 된다.

"건강이란 단지 무병하다든지 허약하지 않다는 의미가 아니라 육체적 정신적 사회적으로 완전히 양호한 상태를 의미한다."라고 세계보건기구 WHO는 정의하고 있다.

　　의학의 발전으로 인해 평균 수명은 비약적으로 늘어났으나 건강 수명은 오히려 줄어들었다고 한다. 오래 살면서 병들어 고통받는 상태의 삶이라면 반길 사람이 있을까? 장수시대란 무조건 오래 사는 것이 아니라 건강하게 오래 사는 것이다. 건강한 삶은 누구나 원하는 가장 소중한 것이다. 건강과 수명을 좌우하는 것은 호적 나이가 아니라 몸의 건강 상태를 알려주는 신체 나이이다.

'병은 쾌락의 의자'라는 말이 있듯이 흡연, 과음, 나쁜 식습관 등은 금방은 아니지만 언젠가는 만성 질환을 불러온다. 유전적 결함이 실탄을 장전한 것이라면 생활 습관은 방아쇠를 당기는 것과 같다는 말이 있다. 미국의 연구 결과에 의하면 생활 습관을 고치면 평균 수명을 11년 연장할 수 있다는 결론을 얻었다. 육체적 건강도 중요하지만 정신적인 마음의 건강이 더 중요하다.

　　현대인들은 겉모습만 그럴듯하게 보일 뿐 내면에는 온갖 스트레스에 포위되어 우울증의 경계에 놓여 있는 사람이 많다. 마음이 괴로울 때 울지 않으면 장기臟器가 대신 운다는 말이 있다.

정신의학자 칼 메닝거도 "영혼의 근심은 인생의 얼룩과도 같다."라고 했다. 몸이 지치고 힘들면 영혼도 병든다. 정신적으로 건강하기 위해서는 좋은 책을 가까이하면서 끊임없이 자기 성찰을 위해 노력해야 한다.

건강은 누구보다 자신에 대한 선물이다. 잘 늙고 잘 아프고 잘 죽는 것이 잘 사는 길이다. 건강한 심신을 지니고 천수天壽를 누리는 것이야말로 자신에 대한 최고의 선물이 아니고 무엇이겠는가? 인생 목표를 돈에 두지 말고 건강 챙기는 일에 우선하자. 그러면 행복은 저절로 찾아오는 것이다.

● 최고의 재산은 건강이다.
  – 랄프 왈도 에머슨

● 쾌락도 지혜도 학문도 그리고 덕도 건강 없이는 그 빛을 잃는다. – 몽테뉴

● 젊은이들은 그 왕성한 혈기 때문에 나중에 늙어 뼈마디가 쑤실 때쯤이면 후회할 일을 흔히 저지른다.
  – 릴리 (영국 작가)

신과의 인터뷰

내가 물었다. 인간에게서 가장 놀라운 점은 무엇인가요?

돈을 벌기 위하여 건강을 잃어버리는 것,

그리고 건강을 되찾기 위하여 돈을 다 잃는 것.

미래를 염려하느라 현재를 놓쳐 버리는 것,

그리하여 결국 현재에도 미래에도 살지 못하는 것.

결코 죽지 않을 것처럼 사는 것,

그리고는 살아 본 적이 없는 듯 무의미하게 죽는 것.

– 작자 미상

육체의 질병을 일으키는 치명적인 감정

1. 분노·적개심 : 고혈압, 심장병, 두통, 만성 요통

2. 원한·용서하지 못하는 마음 : 자기 면역 장애, 관절염, 비통함

3. 근심·걱정 : 과민성 대장 증후군, 공황장애, 적개심, 우울증,
    사회적 격리감, 낮은 사회적 지위, 과로, 스트레스 등 심리적
    불안 요인들이 심혈관 질환의 직접적인 요인이 된다.

    – 미국 듀크대학 레드퍼드 윌리엄

■

행복은 건강이라는 나무에 피어나는 꽃이다.
건강한 몸과 마음을 유지하기 위하여 스스로 단련하라.

분노와 격정 같은 격렬한 감정의 혼란을 피하고
정신적인 긴장이 계속되지 않도록 주의해야 한다.
날마다 규칙적인 운동을 하고 섭취하는 음식물에 대한
조절이 필요하다.

건강하면 모든 것이 기쁨의 원천이 된다.
재산이 아무리 많더라도 건강하지 않으면 즐길 수 있는
마음의 여유를 가질 수 없다.

－ 쇼펜 하우어 『희망에 대하여』 중에서

건강하게 나이 들기

젊고 활력이 넘칠 때는 노령이 오리라 생각하지 않지만
그것은 느리지만 확실히 다가온다네.
땅속에서 자라는 씨앗처럼.
젊은 여름 꽃같이 갑자기 시들어 버리네.
노령은 들판에 번지는 들불같이
갑자기 뒤꿈치까지 닥치네.

– 밀라레빠 『티베트 성인』 중에서

삶이 비극인 것은 우리가 너무 일찍 늙고
너무 늦게 철이 들기 때문이다.

– 피에르 신부

시간은 생명과 같다. 젊었을 때는 시간이 더디게 가지만 노년老年의
시간은 짧다. 내 몸의 한계를 만나는 일이다. 세상에 태어나는
그 순간부터 진행되는 노화는 나이가 들어가면서 시력, 청력,
후각, 관절 등 질병이라는 이름의 장애가 가득한 인간의 가장
낯선 경험이다. 노화의 길에서 부딪히는 질병들을 예방하고
지연시켜야 환자인 채로 늙어가지 않을 수 있다.
19세기 말 서구 국가들의 평균 수명은 40세였으나 100여 년 만에
인간의 수명은 두 배로 늘어나 백 세 시대가 된 것이다. 수명은
늘어났지만 어떻게 늙을 것인가는 나이 든 사람의 숙제이다.

　　　　노인의 지위를 지켜 주는 것으로 가장 중요한 것은
건강이다. 과거의 지위나 재산이 노년의 품위를 보장해 주지는
않는다. 육신은 늙고 시들면 병주머니이고 깨지기 쉬운 그릇이다.
"건강한 육체는 영혼의 쉼터가 되지만 병든 육체는 영혼의
감옥이다."라고 프랜시스 베이컨은 말했다. 자동차가 육체라면
운전자는 영혼으로 낡은 차를 잘 관리하는 것은 자기의 몫이다.
노년이 되면 어느 날 갑자기 찾아온 질병으로 병원을 들락거리게
되고 약봉지는 쌓여 가기 일쑤이다. 혼자 설 수 없는 때가 오고
삶의 주도권을 잃어 누군가에 의지해야 할 시기를 가능한 한
늦추어야 한다. 늙음이 싸워 이겨서 정복할 대상이 아니라면

친구로 삼아야 한다. 노년을 상실의 시대라 한다. 경제력, 사회적
신분은 물론 가까운 사람들이 사라져 가는 것을 보아야 한다.
나이가 들수록 초라해지고 마음과 몸은 쇠약해진다.

　　장수하는 사람들은 세속적인 욕망을 버리고 좋은
인간관계를 잘 유지하면서 신앙생활과 취미생활 등을 통하여
소소한 행복을 느끼는 사람들이다. 나이 들어 아름다운 노송처럼
품격에서 오는 중후한 노인이 있는가 하면, 가는 곳마다 추한
냄새를 풍겨 곁에 있던 사람들이 모두 떠나게 만드는 사람도
있다. 노인들은 젊은 사람들로부터 자주 불쾌한 시선을 느낄 때가
있다. 그 태도에서 그 사람의 인성이 보이지만 지금 우리 사회에서
노인을 대하는 태도는 늙음이 사회의 낙오자로서 부담스러운
짐이 되어 버렸다. 가족이나 타인에게 서운함이 있더라도 책임을
자신의 몫으로 돌리고 감사와 용서를 항상 준비해야 노년의
조용한 평화가 깃들게 된다.

　　서양 속담에 나이를 먹지 말고 성장하라는 말이 있다.
나이 들어 멋진 사람은 영적으로 성숙하며 내면이 아름다운
사람이다. 외모는 세월대로 주름이 잡혀가지만 내면은 얼마든지
아름답게 가꿀 수 있다. 건강을 좌우하는 가장 중요한 요인은
마음의 평화이다.

- 아름다운 젊음은 우연한 자연의 현상이지만
  아름다운 노년은 예술 작품입니다.

      – 엘리너 루스벨트 (프랭클린 루즈벨트 대통령 부인)

- 제일로 추한 것은 늙는 것이다.
  온갖 즐거움은 앗아 가면서도, 즐거움을 바라는 마음은 남겨
  두고 대신 온갖 고통을 안겨 주기 때문이다. 그런데도 우리는
  죽음을 두려워하고 늙은 채로 있기를 바란다.

      – 지코모 레오파르디 (이탈리아 철학자)

- 잘 활용하는 방법만 안다면 노년은 온통 즐거움으로 가득한
  새로운 세계이다.

      – 세네카

- 주름이 생기지 않는 마음, 희망이 넘치는 친절한 마음,
  그리고 늘 명랑하고 경건한 마음을 잃지 않고 꾸준히 갖는
  것이야말로 노령을 극복하는 힘이다.

      – 토마스 베일리 (미국 정치 사학가)

자연은 모욕적인 방법으로 암시하고 경고한다

소매를 살짝 잡아당기는 것이 아니라
이빨을 뽑아 놓고, 머리카락을 뭉텅뭉텅 뜯어 놓고,
시력을 훔치고 얼굴을 추악한 가면으로 바꾸어 놓고
요컨대 온갖 모멸을 다 가한다.
게다가 좋은 용모를 유지하고자 하는 열망을
없애 주지도 않고, 우리 주변에 계속 눈부시고 아름다운
새로운 형상들을 빚어냄으로서 우리의 고통을
한층 더 격화시킨다.

– 에머슨

● 지금 당장 이 세상에 작별을 고하지 않으면 안 되는 것처럼
  남겨진 시간을 뜻밖의 선물로 생각하고 살아라.

  – 마르쿠스 아우렐리우스

● 가장 많이 산 사람이 가장 오래 산 사람이 아니라, 생生을
  많이 느낀 사람이 가장 오래 산 사람이다.

  – 장 자크 루소

● 나이가 들면 어리석고 비생산적인 자존심을 내세우고
  따분한 수다나 떨고 사소한 일에 걸핏하면 성을 내고
  비사교적으로 변한다. 이런 행동은 올바른 방향이 아니다.
  나이 듦의 가치는 그러한 결함을 바로잡는 데 있다.
  자신의 육체와 정신에 새겨진 쇠퇴의 흔적임을 보면서
  자신도 부족하고 유한한 인간이라는 결함의 사실을
  받아들이는 법을 배워야 한다.

  – 몽테뉴 『수상록』 중에서

현명하게 나이 들기

나 같은 사람에게 같은 얘기를 반복해서 늘어놓지 않으리라.
나는 단정한 몸가짐과 청결을 유지하는데 소홀하지 않으리라.
나는 젊은이들에게 지나치게 까다로운 태도를 보이지 않을 것이며
그들이 어리석은 짓을 해도 너그러이 이해하리라.

나는 누구에게든 부담감을 줄 정도의 많은 조언을 하지 않으리라.
나는 말을 많이 하지 않을 것이며,
특히 나 자신에 대한 말은 더욱 하지 않으리라.

나는 예전에 수려했던 외모나 내가 거둔 성공에 대해 뽐내지
않으리라.
나는 몇 좋은 친구들에게 만약 내가 이런 각오들을 지키지 못할
때면 이를 직언해 달라고 부탁하리라.

– 조나단 스위프트 (아일랜드 소설가)

장수의 비결

단순히 오래 사는 것이 아니라 건강하고 활기찬 삶을
유지하는 것이 진정한 의미의 장수이다.

하버드 대학에서 연구한 장수 노인의 공통점

1. 스트레스를 해결하라

2. 많이 웃어라

3. 늘 새로운 도전을 하라

4. 음식을 가려 먹어라

5. 건강은 건강할 때 지켜라

일본 노화연구소 장수 5계명

1. 많이 움직여라

2. 주어진 환경에 적응하고 살아라

3. 원칙을 지켜라

4. 인간을 느껴라

5. 많이 웃어라

장수 건강 5계명(KBS 2TV)

1. 매사 긍정적으로 사고하고 아름다운 삶을 살아라
2. 지적 활동으로 뇌 기능을 유지하라
3. 근력을 강화하는 운동으로 전신 건강을 다져라
4. 고른 영양 섭취
5. 정기적인 검진으로 병을 관리

노화의 종말

(저자: 데이비드 A. 싱클레어 박사. 25년간 연구한 결과)

노화는 치료할 수 있을 뿐 아니라 치료해야 할 지병이다.

그냥 몇 년 더 사는 것이 아닌 활동적이고 건강하고 더 행복한

삶을 더 오래 누리는 활력 연장의 시대가 오고 있다.

노화 억제를 위해서 해야 할 것

• 간헐적 단식
• 식물성 단백질을 많이 섭취하고 동물성 단백질은 최소화
• 격렬하게 땀을 흘리는 고강도 운동
• 추위에 몸을 드러내는 저온 요법

5

죽음, 그리고 아름다운 마무리

짧고 불확실하며 여기저기 함정이 도사리고 있단다.
삶이란 바다로 흘러드는 급류처럼,
또 해질 무렵 산마루로 미끄러지는 해나 달처럼
재빨리 지나가 버린다.

살아갈 날이 얼마나 될지 누가 알겠느냐
그러니 허비할 시간이란 없다.
나이 든 사람들처럼 젊은이들에게도
죽음은 불현듯 찾아오지.

너나, 나나, 우리는 당장 오늘 저녁에라도 죽을 수가 있다.
죽음이 찾아오는 건 자명한 사실인데
다만 그게 언제일지 예측할 수 없을 뿐이란다.

우리에게 내일이 올지
아니면
죽음이 먼저 찾아올지 모르는 일이야.
세상만사가 영원하지 않다는 걸 늘 명심하라…

– 마티외 리카르(프랑스 과학자)『행복을 찾아 떠난 소년』중에서

죽음이란 무엇인가

신은 생명을 조금씩 **빼앗아** 감으로써 인간에게 은총을 베푼다.
이것이 노화의 유일한 미덕이다.
노화를 겪으며 조금씩 죽어 온 덕분에 마지막 순간에 죽음이
완전하지도 고통스럽지도 않은 것이다.

– 몽테뉴

어홍 어~하 어홍 어홍 어라 넘차 어홍…
내 몸 하나 병들어지면 백사 만사가 허사로다.
북망산천이 멀다더니 앞산이 바로 북망산천일세!
인제 가면 언제 오나 오실 날이나 일러 주게.

– 상여 소리

누구나 무상함 속에서 눈 깜짝할 사이에 더 이상 자기 의사대로 삶을 유지할 수 없는 말년의 시기가 온다. 죽음은 입에 올리기도 싫은 것이지만 탄생과 소멸은 우리 능력 밖의 일이다.

생명 있는 모든 존재는 언젠가 사라진다. 그것은 거역할 수 없는 인간의 숙명이다. 죽음에 대한 불안 공포를 회피하고 불멸을 이루고자 수많은 선각자 철학자들이 사유해 왔다. 눈부신 첨단과학의 발전에도 죽음만은 정복하지 못했다. 단지 인간의 생명은 꾸준히 늘어나 초고령화 시대에 진입하고 있다.

사람은 자신의 존재가 사라지는 것에 대한 두려움을 갖고 있다. 인간은 죽음에 대한 두려움과 불안으로부터 자유로워지기 위해 천국, 극락, 천당을 만들었다. 죽음 이후 좋은 곳으로 간다는 생각은 보내는 사람의 슬픔은 가벼워질 수 있고 떠나는 사람에게는 두려움이 줄어 큰 위로가 될 것이다.

죽음은 삶의 무의미한 해체일 수도 있지만 한편으로 아름다운 완성일 수도 있다. 예일대학 죽음학 셸리 케이건 교수는 '죽음이란 무엇인가'란 질문에 "끝이다. 더 이상 무엇인가 바라지 마라. 그냥 끝이다."라고 했다. 삶은 자연의 전부이고 삶의 부재가 죽음일 뿐이다.

인생을 어떻게 마무리할 것인가? 죽음을 의식하는 일에

관심이 늘어나고 있다. '네가 항상 죽음을 기억하라'는 뜻이 담긴
라틴어 '메멘토 모리^{Memento mori}'란 말은 항상 죽음을 염두에 두라는
말이다. 그렇게 되면 알차게 살아가게 되고 막상 죽음을 맞이할
때 자신이 헛된 삶을 살지 않았다는 것을 깨달을 수 있게 한다.
죽음을 생각하면 삶을 사랑하게 된다는 의미이다.

죽음의 고비를 넘긴 사람들은 아주 작은 기쁨조차도 경이로움을
느끼기도 한다. 죽음을 배우면 죽음이 달라지는 것이 아니라
삶이 달라진다. 죽음 앞에 있는 사람이 참된 스승이다.

죽음을 앞둔 사람에게서 배울 수 있는 것은 용서, 감사, 사랑과
이 세상의 모든 것이 축복이라는 사실이다. 호스피스 창시자
엘리자베스 퀴블러로스는 "생애의 마지막 순간에 간절히 원하게
될 것을 지금 하라."라고 가르친다.

훌륭한 죽음이란 어떤 죽음일까? 송나라 주신중^{朱新中}은 훌륭한
죽음으로 오멸^{五滅}을 실천하라고 했다.

　첫째, 재산을 남기지 말고 죽을 것.

　둘째, 원한을 남기지 말고 죽을 것.

　셋째, 빚을 남기지 말고 죽을 것.

　넷째, 정분을 남기지 말고 죽을 것.

　다섯째, 죽음을 두려워하지 말고 죽을 것.

죽기 전에 간절히 후회하는 것은 무엇일까? 수많은 임종을
목격한 간병인 브로니 웨어가 쓴『내가 원하는 삶을 살았더라면』
에서는 이렇게 말했다. "나 자신에게 솔직한 인생을 살지 못했다.
그렇게 열심히 일할 필요가 없었다. 감정에 솔직하지 못했다.
친구의 소중함을 잃고 살았다. 행복은 결국 나의 선택이었다."
죽음 앞에선 모든 사람들이 진실된 가치를 선택한다.
죽어 가는 사람은 육체적 고통, 깊은 고독, 두려움 등으로 정신적
공황 상태에 빠져 죽음을 맞이하게 된다. 죽어 가는 과정은
의식과 무의식의 경계를 넘나들다가 마치 잠을 자듯이 생각이
멈추고 감각기관의 문이 닫힌다. 평온이 깃들며 잠에 빠져들 듯
삶의 끈을 내려놓는다.

　　　인간의 마음에서 일어나는 가장 큰 불행은 죽음에 저항하는
것이다. 죽음은 싸워서 이겨야 할 대상이 아니다. 죽음은
두려움이라는 생각, 바로 그것 때문에 죽음을 무서워하는 것이다.
사람의 마지막 모습은 일생을 함축한 모습이다. 마지막이
아름답고 멋져야 인생을 잘 산 것이다. 삶을 완전하게 살아 버린
사람만이 죽음 앞에서 마음의 평정을 유지할 수 있다. 잘 죽기
위해서는 잘 살아야 한다는 사실을 명심하라.
잘 산다는 것은 잘 죽기 위해 거쳐가는 과정이다. 우리가 정말

해야 할 일은 미워하고 욕심부리고 조급해질 것이 아니라 삶의
흔적을 잘 정리해 두고 나를 어떤 사람으로 영원 속에 묻을까
하는 것이 중요하지 않을까?

● 때때로 임종을 연습해 두게.
  언제든 떠날 수 있어야 해. 돌아오지 않을 길을 떠나고 나면
  슬픈 기색으로 보이는 이웃도 이내 평온을 찾는다네.
  떠나고 나면 그뿐, 그림자만 남는 빈자리에는
  타다 남은 불티들이 내리고 그대의 작은 공간마저도
  누군가가 채워줄 것이네.
  먼지 속에 흩날릴 몇 장의 사진
  읽히지 않던 몇 장의 시가
  누군가의 가슴에 살아남은들 떠난 자에게 무슨 의미가 있나.
  그대 무엇을 잡고 연연하는가?
  무엇 때문에 서러워하는가?
  그저 하늘이나 보게.
  – 칼릴 지브란 『살아남아 고뇌하는 이를 위하여』 중에서

- 삶을 사랑하고 죽음을 생각하라.

  때가 오면 자랑스럽게 물러나라.

  한 번은 살아야 한다.

  그것이 제 일의 계율이고

  한 번만 살 수 있다.

  그것이 제 이의 계율이다.

  – 에리히 케스트너

황기현 作

품위 있는 죽음 준비

새우마냥 허리 오그리고 뉘엿뉘엿 저무는 황혼 길을 언덕 넘어
딸네 집 가듯이 나도 이제 잠이나 들까나. 황혼의 산 그림자를
홑이불처럼 말아 덮고 나도 이제 잠이나 들까나.

– 서정주 〈황혼길〉

낙양성 십리 허에 높고 낮은 저 무덤은
영웅호걸이 몇몇이며
절대가인이 그 누구냐.
우리 인생 한 번 가면 저기 저 모양이 될 터이니
에라 만수 에라 대신이야.

– 우리 민요 성주풀이

● 죽음을 잊지 말라.

이 말은 참으로 위대한 말이다.

인간은 스스로 어쩔 수 없는 단 한 가지 필연의 법칙에 의해

생을 강제 받는 존재이다.

그것은 바로 한 번 태어난 사람은 여지없이 언젠가는

죽어야 한다는 어찌 보면 매우 비극적인 필연이다.

따라서 우리는 언젠가는 죽는다.

우리가 이러한 사실을 잊지 않고 살아간다면

우리의 모든 생활은 완전히 달라질 것이다.

만일 어떤 사람이 자기가 30분 후에 죽는다는 것을 안다면

그는 절대로 그 30분 동안에 시시한 짓이나 어리석은 짓

특히 나쁜 짓을 하려고 하지는 않을 것이다.

가령 죽음과 당신 사이에 가로놓인 세월이 50년이나

된다 해도 그 50년은 결국 30분과 같은 것이 아닐까?

– 톨스토이 『마음의 문을 여는 지혜』 중에서

인생은 한 번 뿐이며 삶과 죽음은 항상 함께 있다. 생명체는
죽음을 내포한 채 시간의 흐름에 따라 죽음을 향해 달려가고 있다.
옛날 전통사회에서 죽음은 공동체의 인식 아랫마을 전체의 애도

속에 꽃상여에 실려 전송을 받았다. 어떻게 살 것인가만 고민했던 우리는 어떻게 죽을 것인가에 대한 사유를 함께 해야 한다.

잘 사는 것만큼이나 죽음을 준비하는 것도 중요하다. 사람들은 초행길이기에 죽음을 맞이하는 게 서툴다. 톨스토이는 "죽음이 두려운 것은 살아 있을 때 반드시 해야 할 일을 하지 못했기 때문"이라고 했다. 로마 철학자 키케로는 "지혜로운 사람에게는 삶 전체가 죽음에 대한 준비"라고 했다. 죽음이 언제 어떻게 찾아올지 우리는 결코 예측할 수 없지만 죽음이 찾아오기 전에 미리 준비하는 것이 현명한 일이다. 죽음 앞에서 절망하기 보다 더 이상 내 의지대로 삶을 유지할 수 없는 상황이 오기 전에 미리 준비하여 자신의 인생을 보다 아름답게 마무리할 수 있는 기회를 놓쳐서는 안 된다.

하루하루를 마지막처럼 사는 것도 죽음에 대비하는 방법일 수 있다. 평소에 가까운 사람에게 배려하며 착하게 사는 것도 죽음을 준비하는 과정이다. 사람은 지나간 자리가 깨끗하고 아름다워야 한다. 물질적 빚뿐만 아니라 용서받고 용서하는 마음의 빚도 남기지 말아야 한다. 생전에 함께해 주었던 사람들에게 감사와 사랑의 작별 인사를 놓쳐서는 안 된다.

유언장, 연명 의료, 장례 절차들을 미리 의논하고 준비해 두면 품위 있는 죽음이 될 것이다.

　죽음의 시기가 오면 가까운 사람들에게 폐 끼치지 않고 잠을 자듯 세상을 떠나고 싶은 것이 노인들의 한결같은 소망이다. 그러나 중병으로 회생 가능성이 없는 환자에게 수술, 생명 연장 장치 등 무의미한 연명 치료로 고통만 더 가중시키고 있는 것이 현실이다. 유병 장수시대에 노인들의 80% 이상이 존엄사 또는 호스피스 서비스를 원하고 있다. 존엄사란 한 인간으로서 최소한의 품위를 지키면서 죽을 수 있게 하는 행위이다. 존엄사보다 한 차원 더 앞선 의사 조력 자살(P.A.S.)도 활발한 논의가 되고 있다. 안락사는 심한 고통에 시달리는 불치 또는 말기 환자의 고통을 덜기 위해 인위적인 방법으로 생명을 끊어 죽음을 앞당기게 하는 것이다. 미국(일부 주), 캐나다, 네덜란드, 벨기에, 스위스 등 국가가 합법적으로 시행되고 있다. 외국인의 안락사를 지원하는 국가는 스위스가 유일하다.

　인생을 마감할 때가 되면 쌓았던 모든 것을 두고 떠난다. 너무나 큰 아쉬움이 남기에 장례문화도 점점 변화되고 있는 추세이다. 가까운 지인들과 따뜻한 식사 한 끼 하면서 생전 장례식을 치르는 사람, 스스로 부고장을 발송하고 사전에 녹음해 둔 테이프로 추모객에게 인사하는 등 떠날 때 땅속이 아니라 사람들의 마음속에서 안식처를 구하려는 사람들이 늘어나고 있다. 죽음을 두려워하기보다 버리고 갈 것만 남아서 홀가분한 하나의 축제로 만들면 어떨까.

● 죽음 그리고 성장에서 내 인생의 가장 첫 번째 의미심장한 교훈은 삶과 죽음의 기로에는 반드시 진심을 다해 보살펴 주는 한 사람이 있어야 한다는 사실이었다.

  – 엘리자베스 퀴블러로스

● 사람이 죽는다는 것은 누구나 안다. 하지만 그것을 믿는 사람은 아무도 없다. 정말 죽음을 믿는다면 우리는 이렇게 살지 않을 것이다. 죽는 법을 배우라, 그러면 사는 법도 알게 된다.

  – 모리 슈와르츠

● 재미있는 인생을 보내었으므로 나는 언제 죽어도 괜찮다는 생각을 할 정도로 늘 심리적으로 결재를 해 둔다.

  – 소노 아야꼬 『계로록』 중에서

■

무덤들 사이를 거닐며

하나씩 묘비명을 읽어 본다.

한두 구절이지만 주의 깊게 읽으면 많은 이야기가 숨어 있다.

그들이 염려한 것이나 투쟁한 것이나 성취한 모든 것들이

결국에는 태어남과 죽은 날짜로 줄어들었다.

살아 있을 적에는 지위와 재물이 그들을 갈라놓았어도

죽고 나니 이곳에 나란히 누워 있다.

죽은 자들이 나의 참된 모습이다.

그들은 영원한 침묵으로 나를 가르친다.

죽음을 통해 더욱 생생해진 그들의 존재가 내 마음을 씻어 준다.

홀연히 나는 내 목숨이 어느 순간에 끝나는 것을 본다.

내가 죽음과 그렇게 가까운 것을 보는 순간

즉시로 나는 내 생 안에서 자유로워진다.

남하고 다투거나 그들을 비평할 필요가 무엇인가?

– 임옥당(중국 소설가)

아름다운 삶, 사랑, 그리고 마무리

■

천만 년이나 백만 년을
철 년 말 년만 살지만 알고서
에헤~널 어허~널
먹도 입도 못 허시고
가고 싶은지 다 못 가시고
이능의 이 길을 하직하고
저 능에 갈라니 내 못 가겄다.
이리 쉽게 갈라지라면
먹고 입고를 마음대로 하고
씌고 지픈 돈 다 써 보고
오고 갈 디를 다 봐 볼 건 디......

– 상여소리

당신이 세상에 나왔을 때 당신은 울고
주위의 모든 사람들은 모두 기뻐했다.
이 세상을 떠날 때는 당신은 기뻐하고
주위의 모든 사람들은 울도록 삶을 살아야 한다.

− 톨스토이

죽음은 인간의 숙명이다. 삶에 대한 애착이 아무리 강해도
내려놓고 받아들여야 하는 게 죽음이다. 삶의 이치를 깨달은
위인들의 죽음을 맞이하는 태도는 참으로 감동적인 모습을 보여
준다. 스콧 니어링과 헬렌 니어링은 현대 사회의 중심에서 벗어나
자연 속에서 최소한의 생계를 위한 노동으로 자급자족하며 남은
시간은 명상과 독서 등으로 조화로운 삶을 살다 갔다.
　　적게 갖되 충만하게 최대한 욕구를 줄이는 데서 진정한
자유를 찾는 것이 그들 삶의 철학이었다. 헬렌의 자전적 삶을
저술한 책『아름다운 삶, 사랑, 그리고 마무리』에 죽어가는
스콧의 생생한 모습을 그리고 있다. 사람이 죽는 방법은
그 사람이 살아온 삶의 방식을 반영하는 것이라며 병원 치료는
물론 어떤 치장이나 장례식도 없이 작업복 차림으로 화장되기를
원하면서 죽음 준비를 해온 스콧이 남긴 말이다.

헬렌에게

"당신과 함께 있어서 좋았소. 매우 사랑스러운 매우
만족스러운 삶이었소. 이보다 더 나을 수는 없을 거요."

세상 사람들에게 (모든 것으로부터 자유로웠던 스콧 니어링의 제안)

"어떤 일이 일어나도 당신이 할 수 있는 한 최선을 다하고,
마음의 평화를 잃지 말라. 당신이 좋아하는 일을 찾아라. 집,
식사, 옷차림을 간소하게 번잡스러움을 피하라. 근심 걱정을
떨치고 그날 그날을 살라. 할 수 있는 한 생활에서 웃음을
찾아라. 그리고 세상의 모든 것에 애정을 가져라."

스콧 니어링이 100세가 되자 음식을 줄여 육신을 벗어날 준비를
하고 있을 때 헬렌이 조용히 지켜보면서 임종 과정을 보여 주는
장면을 보자.
"여보, 이제 무엇이든 붙잡고 있을 필요가 없어요. 몸이 가도록
두어요." 스콧은 천천히 자신에게서 떨어져 나가 점점 약하게
숨을 쉬더니 나무의 마른 잎이 떨어지듯이 숨을 멈추고 자유로운
상태가 되었다. "좋아......" 하며 숨을 쉬고 나서 갔다.

- 삶이 즐겁다면 죽음 역시 그러해야 한다.

  왜냐하면 그것은 같은 주인의 손에서 나온 것이기 때문이다.

  – 미켈란젤로

- 과연 죽는다는 것은 무엇인가?

  다만 바람 속에 벌거벗고 서서 태양 속으로 녹아 빨려

  들어가는 것이 아니라면.

  – 칼릴 지브란 『예언자』 중에서

- 또 간절한 마음이 된다.

  한 번만 더 기회가 주어지면 얼마나 좋을까?

  – 시한부 인생을 살아가는 어느 철학자. 『아침에 피아노』 중에서

떠난 사람이 가르쳐 주는 삶의 지혜

삶에는 건강과 기쁨도 있지만 질병과 늙음과 슬픔, 죽음이 있다.
질병을 통해 건강의 소중함을 죽음을 통해 삶의 귀함을 깨닫는
것이 인생이다. - 롱펠로

인류 역사상 사람들에게 죽음은 어떻게 받아들여졌을까?
각자의 인생이 다르듯 죽음을 받아들이는 것 또한 다르다.
사랑하는 가족들에게 둘러싸인 채로 잠을 자듯 눈을 감는 것이
가장 바람직한 죽음일 것이다.
그러나 한을 품고 죽음을 당하거나 몇 해씩 병석에서
고통을 당하며 죽는 사람도 있다. 세상에서 명성과 유명세를
치렀던 역사적인 인물들은 죽음 앞에서 어떤 태도로 죽음을

받아들였으며 마지막 남긴 말은 무엇이었을까? 이들은 두려움과 후회, 오만과 분노, 또는 편안한 마음으로 죽음을 맞이했다. 죽은 자는 말이 없지만 후세에 자신의 흔적을 전하기 위해 남긴 묘비명을 보면서 죽은 자의 희망과 깨달음을 통해 우리는 어떻게 죽음을 맞이할 것인가 보다 어떻게 살아야 할 것인가를 사유해 보자.

- 우리는 왜 자신을 특별하게 대우하려 하는가.
  탄생과 죽음은 만물의 탄생과 죽음으로 이해한다면
  그것은 더 이상 문제가 아니다.
  세상 만물에게 해당되는 문제는 더 이상 문제가 아니다.
  – 스즈키 순류 선사

- 죽음이 두려워 나는 산으로 들어갔네.
  그 불확실한 시각에 대해 명상하던 끝에 나는 흔들림 없는
  영원한 보루를 얻었네.
  이제는 죽음에 대한 두려움을 초극했다네.
  – 밀라레빠

죽음이 그대를 오라 부를 때 즐거움으로 가듯

지하 감방으로 끌려가는 노예가 아니라

위로와 위안과 변할 수 없는 신뢰감을 품은 채

그대의 무덤을 향해 다가가라...

– 윌리엄 컬런 브라이언트 『명상록』 중에서

황기현 作

우암 송시열 (1607~1689)

우암 송시열은 희빈 장 씨(장희빈)가 낳은 아들을 원자로
책봉하는 것이 부당하다고 상소한 것이 화근이 되어
숙종으로부터 관직에서 파직되어 제주도로 유배되었다. 민비가
퇴출되자 국문을 받으러 한양으로 오던 중 정읍에서 사약을 받고
83세로 생을 마감했다. (사약을 독촉해 마셨다고 전해진다.)
"나이 여든을 넘었는데도 도를 이루지 못하고 죽으니 이것이
나의 유한이다. 이러한 시대에는 죽는 것만 못한 세상인 나는
웃음을 머금고 땅속으로 들어가니 그대들이 도를 이루기
바란다."라는 말을 남겼다.

소크라테스 (BC 469~BC 399)

그리스 철학자 소크라테스는 신성 모독죄와 청년들을 타락시킨
죄로 71세에 사형 언도를 받았다. 독약이 준비되는 동안 피리로
음악 한 소절을 연습하고 있었다."대체 지금 그것이 무슨
소용이요?"라고 묻자, "죽기 전에 음악 한 소절을 배울 수 있지
않겠는가?"라고 했다. 독약을 독촉하여 마신 소크라테스는
독이 무릎까지 올라왔다. 지금 두 다리가 죽었다.
지금 팔이 내게서 분리되어 간다.

이제 마지막인가 보다. 혀가 말을 듣지 않는다.

(플라톤의 〈파이돈〉에 묘사된 죽음의 과정)

세네카 (BC 4~AD 65)

세네카는 스토아 철학을 대표하는 로마 제정시대 정치가.
황제의 스승이었지만 황제를 암살하려는 음모로 인해 네로
황제로부터 자살을 명령받아 자신의 손목 동맥을 끊어 처절한
죽음을 맞이하면서, "나의 유언은 내가 이 세상에 살아온
모습이다. 이상하게 여길지 모르지만 한 평생을 두고 배워야
하는 것은 바로 죽는 것이다."라고 했다. "인생이 왜 짧은가?"
"너도 옳고 나도 옳다. 다만 다를 뿐" 등 여러 명언을 남겼다.

데이비드 구들 (1912~2016)

평생을 숲속에서 자연환경을 연구한 호주의 식물생태학자.
104세의 구들은 특별히 건강이 나쁘지는 않았으나 사는 재미가
없다는 이유로 안락사가 허용되는 스위스에서 가족들과 작별 인사
후 그가 선택한 베토벤 9번 교향곡 환희의 송가를 들으며 운명했다.
"장례식 등 어떤 추모행사도 치르지 말라. 시신을 해부용으로
기증하라."는 말을 남겼다.

이순신 (1545~1598)

조선 선조 때 삼도수군통제사로 임진왜란과 정유재란의
해전에서 왜군을 격파하여 승리로 이끈 명장. 노량해전에서 왼쪽
가슴에 탄환을 맞고 숨을 거두기 직전, "싸움이 바야흐로 급하니,
내가 죽은 것을 알리지 말라."라고 당부하며 세상을 떠났다.
일본의 명장 도고(東鄕平八郞)는 "해군 역사상 군신이라고
칭할 제독이 있다면 오직 이순신 제독뿐이다. 이순신 제독과
비교한다면 나는 일개 부사관도 못 된다."라고 했다.

마리아 릴케 (1875~1926)

오스트리아의 시인, 작가로서 51세 때 여자 친구를 위해 장미를
꺾다가 가시에 찔린 것이 화근이 되어 죽어가면서 남긴 말.
"성숙한 인간은 무르익은 과일이 나무에서 떨어지듯 죽음을
끌어안고 깊은 잠에 드는 것뿐이다."

성삼문 (1418~1456)

단종을 폐위시키고 스스로 왕위에 오른 세조에 반기를 들었다가
참형 직전에 한 마지막 말.
"북소리 목숨을 앗아가기 위해 재촉하는 데 머리를 돌려

바라보니 해는 저무누나. 황천에는 객점이 하나도 없다는데 오늘 밤에 뉘 집에서 머물까."

알렉산더 (BC 356~BC 323)
지중해에서 인도에 이르는 광대한 제국을 건설한 대왕은 32살의 나이로 말라리아 열병에 걸려 죽으면서 남긴 말.
"관 양쪽에 구멍을 뚫어 양손을 밖으로 내놓게 하여 모든 사람들로 하여금 내 손을 보도록 하라." (사람은 죽으면 빈손으로 갈 수밖에 없음을 보여 주기를 원했던 것)

윈스턴 처칠 (1874~1965)
육군사관학교 출신으로 영국 총리 역임. 노벨문학상 수상. 84세 고령으로 하원 의원에 당선. 1965년 런던에서 죽어가며 남긴 말.
"내가 천국에 가면 처음 백만 년은 그림을 그리며 지낼 작정이다"

어록

"미숙한 사랑은 당신이 필요해서 당신을 사랑한다고 하지만, 성숙한 사랑은 사랑하니까 당신이 필요하다."

루이 14세 (1638~1715)

프랑스 전성기의 왕으로 "짐이 곧 국가다"라는 말로 대변되는
태양왕으로 불렸다. 77세에 다리가 썩어 가는 고통 속에
죽어가고 있으면서 시종들이 흐느껴 울자, "왜 너희들은 울고
있느냐? 내가 불사신인 줄 알았더냐?"라고 하며 죽었다.

퇴계 이황 (1502~1571)

죽음이 가까이 오자 제자들을 불러 모아 말하기를, "평소
그릇된 식견으로 종일 강론한다는 것도 역시 쉽지 않았소."라고
하며 "아침에 매화 화분에 물을 주라."라고 말하고 누운 자리를
정돈하게 하고는 일어나 앉아 편안하게 운명했다.

– 해동잡록

마드 그리트 뒤라스 (1914~1996)

베트남 사이공에서 출생한 프랑스의 대표적인 소설가이자
영화감독. 알코올 중독과 인후암으로 고통받으면서 마흔 살
연하의 남자 친구 품에서 7년간 혼수상태에 빠져 있다가 1966년
파리에서 죽음을 맞이했다.

박완서 (1931~2011)

"내가 죽거든 찾아오는 문인들을 잘 대접하고 절대로 부의금을
 받지 말라."

조 마리아 (1862~1927)

안중근 의사의 어머니.

안중근 의사가 중국 하얼빈 역에서 이토 히로부미 총독을
처단하자 일본은 안중근 의사에게 사형을 언도했다.

조 마리아 여사는

"이토가 수많은 한국인을 죽였는데 이토 한 사람 죽인 것이
 그토록 큰 죄냐?"라고 당당하게 말하면서, 사형을 앞둔 아들을
 차마 볼 수 없어 피눈물로 쓴 편지에 이렇게 적었다.

"너의 죽음은 너 한 사람의 것이 아니다. 조선 전체의 공분을
 짊어지고 있는 것이다. 수의를 지어 보내니 이 옷을 입고
 가거라." 향년 66세로 상해에서 별세.

가와바따 야스나리 (1899~1972)

7개월의 미숙아로 태어난 일본 작가. 『설국』으로 노벨문학상 수상.
73세가 되었을 때 가스관을 입에 물고 생을 마감했다.

■

오! 위협적인 지옥과 희망적인 천국이여,
적어도 확실한 한 가지는
인생이 덧없이 빠르다는 점이다.

이 한 가지가 확실할 뿐
나머지는 그릇된 믿음이다.
꽃은 딱 한 번 만개하고 영원히 죽는다.
이상하지 않은가?

그렇게 많은 사람들이 우리를 앞서
죽음의 문턱을 넘었지만
아무도 되돌아와서
그 길에 대해 이야기해 주지 않는다.
그 길에 대해 알려면 우리도
마찬가지로 여행을 떠나야 한다.

- 에드워드 피츠제랄드

토마스 카알라일 (1795~1881)

영국의 비평가 겸 역사가. 『프랑스 혁명』, 『프리드리히 대왕』 등
저술. 86세 임종이 가까워지자 남긴 말.

"자, 나는 이제부터 푹 좀 쉬어야겠다.

여행에 지치고 삶에도 지쳤다.

이대로 죽어 버려도 좋다.

나는 이제 자야겠다.

죽건 살 건 나에게는 마찬가지다.

모두 아무 뜻도 없는 것이다."

베토벤 (1770~1827)

독일의 음악가로 평생 독신으로 살았다. 청력을 잃은 마지막
10년간 중요 작품을 완성했다. 죽음이 가까이 오자 남긴 말.

"죽음은 끝없는 고뇌로부터 해방시켜 주는 것이 아니겠는가.

여러분, 박수를 쳐라. 이제 희극은 끝났다."

조만식 (1883~1950)

일본 메이지대학 법학부 수학 후 오산학교 교장, 독립운동과
해방 후에는 조선민주당을 창당.

김일성에 의해 반동분자로 숙청되었으며 남긴 유언.

"내가 죽거든 묘비에는 아무것도 쓰지 말고 두 눈만 새겨 두어라.
 한 눈은 왜놈이 망하는 것을 보아야겠고 다른 한 눈으로는
조선이 독립하는 것을 보기 위함이니라."

라빈트라 나트 타고르 (1861~1941)

인도의 시인으로 1913년 『기탄잘리』(찬송을 헌정함이라는 뜻)로
노벨문학상 수상. 동아일보 창간 시 '동방의 등불'이란 시를
기고하여 나라를 잃은 우리나라 사람들에게 큰 감동을 주었다.

"신이 어느 날 문득 죽음의 광주리를 우리 앞에 내밀었을 때
 우리는 과연 그 광주리에 무엇을 담아 놓고 세상을 떠날까."

　－『기탄잘리』 중에서

토마스 모어 (1478~1535)

옥스퍼드 캠브리지 대학 총장, 『유토피아』 작가, 대법관
1534년 왕위 계승법에 대한 선서 거부로 헨리 8세에 의해 사형
언도(할복자살형에서 단두대 사형으로 감형)
형 집행인에게 금화로 사례한 후 "내 목은 짧으니 주의하게,
내 수염은 배신을 하지 않았으니 자르지 말게.

도끼를 받을 이유가 없다."라고 농담을 한 후 집행되었다.

"다른 어떤 덕보다도 인간에게 소중한 덕인 참된 인간성은
 다른 사람의 고통과 근심을 덜어줌으로써 그들의 삶에 기쁨과
 즐거움을 선물하는 것이다."

헤밍웨이 (1899~1961)

20세기 미국 문학의 거장으로 많은 명작을 남겼으며
『노인과 바다』로 노벨문학상 수상. 61세 때 2연발 산탄총에
실탄을 장정해서 총구를 입안에 넣은 후 발가락으로
방아쇠를 당겼다.
"몸이 정신을 배반하고... 일어나지 못해서 미안하오!"
비행기 추락 사고로 입은 부상이 악화되어 글쓰기가
어려워지자 인생을 포기한 것으로 추정.

차이코프스키 (1851~1893)

러시아 음악가로 '비창' 등 불후의 명곡을 남겼으나 불우한
결혼생활로 불행한 삶을 살았다.
51세의 나이로 임종이 가까워지자 남긴 말.

"나는 빠르게 늙어간다. 나는 삶이 지겨우므로 모든 허영의
  감정과 실망 등에서 벗어나 조용히 쉬기를 열망한다."
사망해 그가 매장될 때 조문객이 8,000명이나 되었다 한다.
1979년 소련 문화성에서 부검한 결과 비소 중독이란 결과가 나와
자살임이 확인되고 있다.

호머 헐버트 (1863~1949)

미국 선교사로 한국 주권 회복운동에 앞장서 왔으며 죽음이
가까워지자 "나는 웨스트민스터 사원보다 한국 땅에 묻히기를
원한다."라는 유언을 남겼다. 양화진 외국인 선교사 무덤에
안장됨.

아우랑 제브 (1618~1707)

무굴제국의 마지막 황제로서 형제간에 피비린내 나는 투쟁 끝에
심지어 아버지를 감옥에 가두고 형제들을 죽인 후 황제가 되었다.
1707년 86세의 임종 직전에 남긴 말.
"내가 받은 고통은 내가 저지른 죄
  나의 잘못에 대한 대가이다.
  빈손으로 와서는 이렇게 엄청난 죄를 짓고

돌아가다니 이상한 일 아닌가!

권력은 눈 깜빡할 사이에 지나가고

그 뒤에 남는 것은 슬픔뿐

그렇게 소중한 인생을 헛되이 낭비하고 말았다."

윌리엄 사로얀 (1908~1981)

미국 캘리포니아 태생의 작가. 죽음을 앞두고 남긴 말

"누구나 죽어야 하지만 나는 늘 나만은 예외일 거리고 믿었다."

아트 부크 월드 (1925~2007)

미국 칼럼니스트로 퓰리처상 수상.

81세 임종 직전에 자신의 부고를 동영상으로 만들어

뉴욕타임스 인터넷 판에 올렸다.

"안녕하세요, 아트 부크 월드입니다.

  제가 조금 전에 사망했습니다."

괴테 (1749~1832)

바이마르 대공국에서 재상을 지낸 독일의 철학자 문학가로서,

『파우스트』,『젊은 베르테르의 슬픔』등 명작을 남겼음.

80세가 넘어 깊은 병환에도 강력한 의지와 집념으로
『파우스트』를 마무리한 후 83세에 바이마르 자택에서 숨을
거두면서 남긴 말.

"창문을 열어라 빛을...

 더욱더...

 빛을."

어록

"과거는 잊고 미래를 바라보라."

■

세월이 시간을 채찍질하여

늙어 없어지라 하네.

그 속에서 기쁘다고 몇 번이나

하하 호호 하였으며

그러다가 흙 속의 백골이 되면

천 년만 년 지난날을 후회만 하네.

– 나옹 선사 (고려 말 선사)

톨스토이 (1828~1910)

러시아의 소설가 사상가. 가장 위대한 작가로서 아내 소냐와의
사이에 13명의 자녀를 두었지만, 만년에는 인생의 대부분을
가정불화로 허비했다.

81세의 톨스토이는 새벽에 가출하면서 남긴 글.

"집에서 사는 것은 더 이상 참기 어려운 고통이오. 내 인생 마지막
날들을 혼자 보내기 위해 세상을 버리는 것이오."

3등 열차로 여행하는 동안 열병에 시달리다가 외딴 마을인
아스타포보의 간이역 역장의 집에서 죽음을 맞이하면서 남긴 말.

"이제 죽을 거란 생각이 들어 잠들 수가 없다. 그래 이것이
끝이구나, 별것도 아니구먼. 아무도 날 알아보지 못하는 곳으로
가게 나를 혼자 내버려둬."

김동광 (1959~2018)

대구예술대학 교수. 석암미술관 관장. 대한민국 예술인상 수상.
암 진단으로 2개월 시한부 판정을 받았으나 긍정적인 사고로
더욱 활발한 작품 활동을 하다가 57세에 작고.

"삶을 새롭게 바라보게 되었습니다. 얼마나 사느냐가 중요한
것이 아니라 어떻게 사느냐가 중요하다는 생각을 하게

되었습니다. 시한부 인생을 사는 저를 보고 안타까워하는
사람이 있는데 어차피 우리 모두 시한부 인생을 사는 게
아닐까요? 제가 다른 이들보다 좀 더 일찍 생을 마감할
가능성이 높기는 하지만 그렇기 때문에 남은 시간을 더 알차게
의미 있게 살고 있습니다. 아쉬움은 없습니다. 살아가는 동안
최선의 삶, 제가 하고 싶었던 것을 하면서 행복을 누리는 삶을
살고 싶고 지금 그렇게 하고 있으니까요."

유비 블레이크(1887~1983)
작곡가 작사가(아프리카계 미국인) 블레이크가 100세가 되었을
때 한 말.
"의사들은 나를 보고 어떻게 그리 오래 사느냐고 묻지만 내가
이렇게 오래 살 줄 알았더라면, 나 자신에 좀 더 신경 썼을 텐데."
(이 말을 하고 닷새 후 죽었다)

어록
"주어진 운명에 감사하라. 천둥소리는 신경 쓰지 마라.
새들의 노랫소리를 들어라. 아무도 미워하지 마라."

면암 최익현 (1833~1907)

호조참판. 항일 운동가.

을사보호조약에 반대하여 의병을 일으켜 저항하다 대마도에

유배되어 단식으로 초연하게 죽음을 맞았다.

장자 (BC 4세기 후반)

개인의 안락함, 대중의 존경보다는 무위자연의 처세 철학을

주장하는 노자老子와 일체화된 노장사상老莊思想으로 후세

사람들의 삶에 큰 영향을 끼쳤다.

죽음을 앞두고 제자들이 후한 장례식을 지내려고 하자,

"나는 천지를 널로 삼고

 해와 달을 한 쌍의 옥으로 삼고

 별을 구슬로 삼고 만물을 나에게 준 선물이라 여기고 있다.

 내 장례식에는 모든 것이 갖추어져 있는데

 무엇을 더 붙인단 말이냐.

 내 시체는 그냥 산에 내 버리도록 하라."

유진 오 켈리 (1952~2005)

세계적인 미국의 회계법인 KPMG의 대표.

『인생이 내게 준 선물』의 작가. 53세에 불치의 뇌종양으로

시한부 3개월을 선고받은 후 자신에게 질문한다.

"삶의 마지막 시절이 최악의 시기가 되어야 하는가?"

"삶의 마지막 시절을 건설적인 경험으로 인생 최고의 아름다운

 시기로 만들 수는 없을까?"

그는 마지막 남은 석 달을 축복받은 선물로 받아들이고

가족 친지 지인들을 차례로 초대해 식사를 하면서

마지막 작별 인사를 하고 스스로 장례 절차까지 계획하면서

가족과 이웃 사람들에게 어떤 고통도 없이 아름다운 모습으로

눈을 감았다.

엔니오 모리코네 (1928~2020)

영화 음악의 거장. 이탈리아 최고의 작곡가. 아카데미 영화음악상

수상. 숨지기 전에 한 쪽 분량의 부고를 직접 작성했다.

"나 엔니오 모리코네는 죽었습니다." 가족과 친구의 이름을 일일이

거론하며 감사의 마음을 전했다. 부인 마리아 트라비아에게

"이제 이 사랑을 떠나게 되어 아쉽다."라고 작별을 고했다.

전등록傳燈錄

중국 송나라의 도언道彦이 1004년에 여러 조사들의 법맥

법어를 모아 엮은 30권의 불교서적으로, 선사들의

입적入寂하는 과정을 구체적으로 기록하고 있다.

선사들은 육신을 버리는 일에 미련이나 애착을 떠나 육신을

비정할 만큼 홀대하면서 죽음을 슬퍼하지 않았다.

선사들의 죽음을 보자.

약산 유엄 선사 (745~828)

중국 산서성 출신. 17세에 출가.

무언의 설법을 펼쳤던 선사가 법당에서 좌선 중 벌떡 일어나

"법당이 무너진다."라고 고함을 질렀다. 스님 대중들이 놀라 법당

물건을 들어내는 등 소동이 벌어지는 광경을 보고 있던 선사는

갑자기 웃음을 터뜨리다가 뚝 그친 후 숨을 거두었다.

세수 84세.

동산 양개 화상 (807~869)

육조 혜능의 문하 조동종의 종장.

법상에서 법문을 마친 후 대중들에게 "난 오늘 갈라네."라고 한

후 자신의 방에 들어가 숨을 거두었다.

혜월 선사 (1861~1937)

11살에 경허 스님의 법제자로 출가. 부산 범일동 안양암 뒤 산에

올라 한 손에 솔가지를 잡은 채 스스로 호흡을 멈추었다.

곽산 경통 선사

장작더미를 쌓은 후 촛불을 들고 스스로 장작더미에 올라가

불을 붙여 불길이 타오르자 제자들을 내려다보며 고요히 미소를 지으며 입적했다.

도신 (580~651)

중국 선사 4조. 60년간 용맹정진勇猛精進 장좌불와長坐不臥로 참선.
"마음이나 언어로 살아 있는 생명에게 상처를 주지 말라"는 말을 남기고 앉아서 숨을 거두었다.

덕상 스님

부산 범어사에 주석하던 스님이 세수 80세 가 되었을 때
대중들에게 자신을 찾지 말라고 한 후 사라졌다. 훗날 금정산
자락에서 신발을 가지런히 정돈해 놓고 죽어 있었다.

천화遷化 영원한 생명을 아는 깨달은 사람의 죽음을 말한다.

김교각 스님 (696~794)

신라의 왕족 출신. 중국에서 지장보살로 추앙받고 있다.
99세의 나이로 제자들에게 작별 인사를 한 뒤 참선 중 입적.
등신불이 되어 구화산 지장보전에 봉안되어 있다.

죽음

그것이야말로 불멸의 것.

우리 모두를 똑같이 대해

더러운 자와 순수한 자

부자와 가난한 자

사랑받은 자와 사랑받지 못한 자

모든 이에게 평화와 안식을

전해 주도다.

– 마크 트웨인

많은 현자들은 죽음에 관해 마지막 말을 남겼다.

그들이 남긴 최후의 진술은 무엇이며, 묘비명에는 어떤 내용이

담겨 있을까.

● 자제문^{自祭文}

내가 죽었다는 소식에 아침 일찍 일가친척들이 달려오고

친구들은 밤에 모여들 것이다.

내 유해를 들에 묻은 후 편히 잠들라고 하겠지.

그러나 죽음의 저승길이 얼마나 어두운가?

무덤에 이르는 길은 또 얼마나 외로운가.

이렇게 나는 이 세상에서 사라져

머나먼 곳으로 가 버리는 것이다.

– 도연명 (자기 자신이 죽었을 때를 상상하여 쓴 글)

조지 버나드 쇼 (1856~1950)

아일랜드 극작가. 노벨문학상 수상.

"오래된 골동품 같은 나를 살리기 위해 애쓰고 있군. 하지만 이제

끝난 것 같소. 이제 곧 죽을 듯하오." 94세에 생을 마감했다.

"나 우물쭈물하다가 이런 꼴 볼 줄 알았다."

로즈 로댕 (로즈 뵈레. 1864~1943)

조각가. 로댕과 53년 만에 결혼했지만 2주 후 죽었다.

"내가 죽는 건 상관없어요. 다만 남편을 두고 가야 하는 게
걱정될 뿐이에요. 이 불쌍한 남자는 어떻게 될까요?"

빅토리아 영국 여왕 (1819~1901)

영국을 최고 번영기로 이끈 여왕. "드디어 평화가 찾아오는구나."

파벨 페스텔 (1793~1826)

러시아 혁명 지도자. 니콜라이 1세에 저항 반란을 일으킴.

목을 매다는 밧줄(교수형)이 끊어지자 "한심한 나라 같으니.
도대체 목매다는 것 하나 제대로 해 내지 못하니!"

르네 데카르트 (1596~1650)

프랑스 철학자. 오랫동안 갇혀 있던 나의 영혼이여.

이제 육신의 감옥을 떠나 속박에서 해방될 시간이 되었다.

그러니 이별을 기쁨과 용기로 받아들이자.

어록

"나는 생각한다. 고로 나는 존재한다."

니콜로 마키아벨리 (1469~1527)

이탈리아의 근대적 정치 철학자로『군주론』,『정략론』,

『피렌체 사』등의 명저를 남겼다. 어떤 묘비명도 이 위대한

"이름에 어울리지 않는다." (피렌체의 마키아벨리 기념비)

조슈아 레이놀즈 경 (1723~1792)

영국의 화가.

"오랫동안 건강과 성공을 맛보았으니 운이 좋았다. 그러니

 불평할 수 없는 일 아닌가? 지상의 모든 것들은 종말을 맞게

 되어 있는 일. 이제 내 차례가 온 것 같다."

조지 워싱턴 (1732~1799)

미국 초대 대통령.

"의사 선생, 끝까지 싸워 보겠지만 세상과의 작별을

 두려워하지는 않을 것이오."

토마스 카알라일 (1795~1881)

영국의 수필가.『프랑스 혁명』,『영웅 숭배론』등의 저서가 있다.

"이것이 죽음이란 말이지!"

해리 후디니 (1874~1926)

헝가리계 미국 마술사.

"이제 싸움에 지쳤네. 죽음이 나를 이긴 듯하네."

칼 마르크스 (1818~1883)

독일의 정치이론가. 공산당 선언의 주최자. 남길 말이 없냐는
질문에, "유언이란 살아서 충분히 말하지 못한 바보들이나
남기는 거야..."

어록

"인간이란 자기의 운명을 지배하는 자유로운 자를 말한다."

오쇼 라즈니쉬 (1931~1990)

오쇼. 태어나지도 죽지도 않았다. 다만 1931년 12월 11일부터
1990년 1월 19일 사이에 지구라는 행성을 다녀갔을 뿐이다.

(오쇼 라즈니쉬의 묘비명)

일휴 스님

"세상에서 내 가슴 알 사람 누구던가. 부처가 온다 해도 반 푼
 값어치도 없는 것을."

■

죽음의 왕(염라대왕)에게 보이지 않으려면

세상을 어떻게 보아야 하겠습니까?

항상 정신을 차려

자기를 고집하는 편견을 버리고

세상을 빈 것으로 보라

그러면 죽음을 넘어설 수가 있을 것이다.

이처럼 세계를 보는 사람을 죽음의 왕은 보지 못한다.

-『숫타니파타』중에서

하지만 이제 나는 잠이 든 무의미한 존재가 되어 버렸다.

(어떤 묘비명)

황기현 作

볼티모어의 생활규칙

세상의 소란함과 서두름 속에서 네 평온을 잃지 마라.
침묵 속에 어떤 평화가 있는지 기억하라
너 자신을 포기하지 않고서는
가능한 한 모든 사람들과 좋은 관계를 유지하라.

네가 알고 있는 진리를
조용히, 그리고 분명하게 말하라.
다른 사람의 얘기가 지루하고 무지한 것일지라도
그것을 들어 주라.
그들 역시 자신들만의 이야기를 갖고 있다.

소란하고 공격적인 사람들을 피하라.
그들은 정신에 방해가 될 뿐이다.
만일 너 자신을 남과 비교한다면
너무 무의미하고 괴로운 인생을 살 것이다.

세상에는 너보다 낫고 너보다 못한 사람들이
언제나 있기 마련이다.
네가 세운 계획뿐만 아니라
네가 취한 것에 대해서도 기뻐하라.
네가 하는 일이 아무리 보잘것없는 것일지라도
그 일에 열정을 쏟으라.
변화하는 시간의 흐름 속에서
그것이 진정한 재산이다.

세상의 속임수에 조심하되
그것이 너를 장님으로 만들어
무엇이 덕인가를 못 보게 하지는 마라.
많은 사람들이 높은 이상을 위해 노력하고 있고
모든 곳에서 삶은 영웅주의로 가득하다.

하지만 너는 너 자신이 되도록 힘쓰라.
특히 사랑을 꾸미지 말고
사랑에 냉소적이지도 마라.

왜냐하면 모든 무미건조하고 덧없는 것들 속에서
사랑은 풀잎처럼 영원한 것이니까.

나이 든 사람의 조언을 친절히 받아들이고
젊은이의 말에 기품을 갖고 따르라.
갑작스러운 불행에 자신을 지킬 수 있도록
정신의 힘을 키우라.

하지만 상상의 고통들로
너 자신을 고통스럽게 하지는 마라.
두려움은 피로와 외로움 속에서 온다.
건강에 조심하되
무엇보다 너 자신을 괴롭히지 말라.

너는 우주의 자식이다.
그 점에선 나무와 별들과 다르지 않다.
너 이곳에 있을 권리가 있다.
네 일과 계획이 무엇이든지

인생의 소란함과 혼란스러움 속에서
이 영혼을 평화롭게 유지하라.

부끄럽고, 힘들고, 꿈이 깨어지더라도
아직 아름다운 세상이다.
즐겁게 살아라.
행복하려고 노력하여라.

– 볼티모어의 성 베드로 성당의 규칙 1962
  미국 시인 막스 에르만 정리

가야산의 아침

내가 만난 사람들에게 물었다.
내가 어디를 가고 있는가를
무엇을 위한 삶인가를

못 견딜 일도 묵묵히 감내하고
하고 싶은 말도 머금어 삼키며
인간사 모두가 시름뿐
부서져도 살아가야 한다.

어느 어진이 하는 말
지금 하라.
일생을 던져 아깝지 않은 일을
놓아 버려라.

아무것도 바라지 않은 채
편견과 애착, 판단하고 분석하는 그 마음
과거도 버리고 미래도 모두 버려라.
마음에 걸리는 것 모두 버려라.

살아 있으면서 죽어라.
벌거벗은 본성의 상태에 머물러라.
어두운 욕망이 마음을 흔들 때
영혼의 소리에 귀 기울여라.

나비가 태어나면 애벌레는 죽어야 한다.
마음의 옷을 갈아입을 시간이다.

생사를 초월한 끝없는 구도

필사적으로 쥐고 있던 버거운 짐 내려놓고

온갖 영욕에 그을린 세속의 기억을

간절한 염원을 담아 버리고 버리고 ...

가슴 조이는 일상들이 걸림 없이 놓아져

아성이 무너져 내리고

때묻은 영혼의 조각들이 서서히 사라지고

생각으로 만든 모든 환상과 일체 분별이 사라진 그곳

하늘은 텅 비어 푸르고

근심 걱정 대신 감사한 마음 가득하네.

– 이홍모 (제97회 문예시대 신인문학상 당선 시)

● 저자의 끝말

인생은 길을 걸어가는 그림자에 지나지 않는다.
한 무대 위에서 별짓을 다해 보지만 결국
그에 대한 소문마저 사라져 버리는 비참한 배우다.
– 맥베스

우주가 품고 있는 태양아래 날벌레처럼 작은 몸짓에 지나지
않는 것이 인간의 삶이지만 이 짧은 생을 어떻게 하면 뜻있고
보람있게 살아볼까 하는 것이 사람들의 염원이다.
지금껏 인생을 살아 오면서 필자가 절실하게 느낀 교훈은 바로
마음 하나 가지고 행복할 수 있어야 한다는 것이다.
겉모습이 아닌 스스로 자기성찰과 성장을 통하여 자신을 먼저
행복한 곳에 두어야 하며 자신의 잘못을 없게 하여 마음에
부끄러움이 없어야 한다.

나만 보고 있으면 남이 보이지 않는다.
나를 내려 놓으면 다른 사람이 보인다.

내가 주는 친절과 사랑이 남의 마음 속에 좋은 추억으로 남게
하여 진정으로 남에 대해 덕을 쌓는 것이 결국 내 실속이 되고,
출이반이出爾反爾가 된다.
자신에게 나온 것은 자신에게 돌아온다.

내가 생각하고 말하고 향하는 그 모든 것이 내게 다시
돌아온다는 것이 삶의 진리가 아닐까 생각한다.
결국 사랑하고 사랑받는 일은 인생에서 가장 가치있는 일이며,
가슴 속에 사랑이 있다면 우리는 인생이 주는 최고의 것을
가진 것이다.

부족한 제 글을 끝까지 읽어주신 독자 여러분께서
더 지혜로워지고 인생이 새로워지고 앞날에 경이로운 변화가
일어나길 기원합니다.

언제나 사랑합니다.

소중한 사람에게

들려주고 싶은 이야기

2024년 12월 10일 초판 1쇄 인쇄
2024년 12월 20일 초판 1쇄 펴냄

지은이   이홍모
펴낸이   이철순
디자인   김현경 · 김다인

펴낸곳   해조음
출판등록 2003년 5월 20일 제 4-155호
주소   대구광역시 동구 파계로 71 팔공보성3차타운 306/1601
전화   053-624-5586
이메일   bubryun@hanmail.net

ISBN 978-89-92745-01-7

책값은 뒤표지에 있습니다.
잘못된 책은 교환해 드립니다.